诗意的生活

山中人 著

北京日报出版社

图书在版编目（C I P）数据

诗意的生活 / 山中人著 . -- 北京 : 北京日报出版社，2019.12

ISBN 978-7-5477-3581-7

Ⅰ . ①诗… Ⅱ . ①山… Ⅲ . ①诗集 - 中国 - 当代
Ⅳ . ① I227

中国版本图书馆 CIP 数据核字 (2019) 第 258663 号

诗意的生活

出版发行：北京日报出版社
地　　址：北京市东城区东单三条8-16号东方广场东配楼四层
邮　　编：100005
电　　话：发行部：（010）65255876
　　　　　总编室：（010）65252135
印　　刷：北京欣睿虹彩印刷有限公司
经　　销：各地新华书店
版　　次：2019年12月第1版
　　　　　2019年12月第1次印刷
开　　本：710毫米×1000毫米　　1/16
印　　张：14.5
字　　数：175千字
定　　价：39.80元

序——生命被诗的太阳照亮

王立世

面对“山中人”这个诗意的名字，我联想到“人从哪里来，要到哪里去”这一古老的人生哲学命题。山中人，本名解利忠，石楼人士，高级职业经理人。为什么他用“山中人”作为自己的笔名呢？我想自有他的道理。他出生于偏远的山村，又不甘心在一个封闭的环境里生活一辈子，通过打拼走出大山，在城市有了蒸蒸日上的事业，实现了最初的人生梦想。时间久了，他感到城市也不是理想的去处，远不如大山皱褶里那个民风淳朴的村庄，山中的生活又成了他向往的生活，山中的人又成了他向往的人。在精神上他开始返乡，寻找失落的道德和人性的太阳。这个时候，没有比“山中人”这个名字更符合他心目中的希望了。

如果一生在物欲里沉浮，像巴尔扎克笔下的葛朗台，这样的人是畸形的，背离了马克思关于人的全面发展的学说。山中人不是穷得只剩下钱的那种商人，他读过不少书，又选择诗歌来探索人生的真谛。他对诗歌是真心喜欢的，不像有些附庸风雅的人，用来装潢本来就不怎么好看的门面。更不是作为跳板和阶梯，这年头，靠诗歌也跳不到啥好地方，也爬不到高处。他也不一定想当诗人，更没想到像李白杜甫那样流芳百世，名垂青史。因而不像有些所谓的诗人，头削得尖尖的到处钻营，不惜牺牲人格和尊严，采取那些不堪的手段弄虚作假，以此招摇过市。但山中人却不屑于此。他爱诗，是灵魂的需要，这正暗合了“诗言志”的诗学传统和文学来源于生活的理论主张。

说白了，山中人不想过那种灯红酒绿的奢靡生活，他不想把生命浪费在觥筹交错中，他想过一种有内涵有品位的诗意生活。“有心栽花花不开，无心插柳柳成荫。”我看那些想当诗人的人，想得神经都快出了毛病。再看看他们的作品，不是无病呻吟，就是乱丢垃圾。读后顿生怜悯之心，好钢没用在刀刃上。山中人的诗，有不成熟的地方，这也无妨。因为他不乏让人眼睛一亮的好作品。有的如山涧流水，清澈见底，发出天籁之音；有的如清清泉水，激情喷射，彰显生命之美；有的如大江东去，浩浩荡荡，势不可当。不做作，不扭捏，有“清水出芙蓉，天然去雕饰”的质朴之美，没有文化的重负和欲望的左右，展现出一种心灵的自由和精神的浩瀚。

山中人的组诗《选择》触动了我的灵魂。每个人从生到死，不知要面临多少次选择。选择对了，人生路上处处鲜花；选择错了，人生路上荆棘丛生。选择是人生不断面临又需要不断做出决断的重大课题。山中人的这组诗，抓住了人们关注的重大主题，这是有现实意义的写作。他在写作时，从多个角度开掘，既写顺应自然规律的选择，也写发挥主观能动性的选择。既写正确的选择，也写选择的错误。既写无法选择的选择，也写选择后的责任和担当。从这组诗可以看出作者不是在一个点上思考，而是在面上思考。不是在一个平面上思考，而是具有多维性和立体感。这样就注定了写作的广度和深度，而且达到了情感与思想的合二为一，内容与形式的和谐统一。试看组诗中的第二首："父母，我们不能选择/我们可以选择孝敬父母/生命，我们不能选择/我们可以选择善待生命/大地，我们不能选择/我们可以选择热爱大地/海洋，我们无法选择/我们可以选择保护海洋/说什么不能又不能/只是我们选择了不能/说什么无法又无法/只是我们选择了无法/为何我们不去选择'可能'？/为何我们总是选择'不能'？"这首诗用"不能选择"和"可以选择"两条线交织的复合结构来诠释"选择"的辩证性和正确方向。有些东西是客观存在的，不存在选择的问题。但如何对待这些客观存在的人或事物同样存在选择的问题，比如，生命我们无法选择，但对生命的态度可以做出各种不同的选择。作者选择的方向既有传统美德，又有生命意识，更有社会责任，都是正能量的选择，于国于民有利的选择。"为何我们不去选择'可能'？/为何我们总是选择'不能'？"这两个反问句掷地有声，对一些轻易放弃的错误选择提出质疑，令人反省和深思。

如果一个人浑浑噩噩，随波逐流，对生命和自我缺乏反省，主体意识和生命意识淡泊，他的诗容易陷入概念化，与别人同质化。山中人的《我》写得很独特。他把"我"分为小我、本我、自我，这种分法未必准确，但对人生的探讨还是有意义的，值得充分肯定。小我体现的是自然属性，被各种本能欲望牵制，常常是自投罗网："小我就是网里的鱼：/挣扎着看似活蹦乱跳的，/其实，那才是真正痛苦的。”本我体现的是社会属性，强调的是环境的负面影响和人的被异化：“可我浸泡在社会的大酱缸里，/本我就成了酱缸里的咸鱼：/同情心好奇心那发现美的眼睛，/早已经脱离了我的身。”自我体现的是地域、家庭、教育正面的影响：“家乡的水土流淌在血脉里，/家风的云飘荡在我的心空/教育的路延伸在我的脚下。”人的复杂性就在于欲望与理想的对抗、人性与社会的矛盾，统一中的裂变，对立中的统一。“我住在这些‘我’筑就的牢笼里，/不见阳光不见花开不听鸟鸣，/风吹的心湖上总翻腾着如麻的浪；/越是在那月明星稀的夜晚，/时间的车轮碾轧着我浑身碎骨。”“去吧，我的小我、本我、自我，/你们可曾听到过我的内心，/内心深处的呻吟和呼唤？”“告别了，我的小我、本我、自我，/我要忘我！因为我是一粒尘埃！”从这些诗句中能体悟到作者主体意识和生命意识的觉醒和反抗，心有不甘，竭力要挣脱捆绑自己身心的各种有形无形的绳索，渴望返璞归真，回归本性。作者用“一粒尘埃”来寄托自己的生存理想。“一粒尘埃”也许微不足道，但无拘无束，自由自在，有庄子的逍遥。正如苏轼在《前赤壁赋》中所写的“寄蜉蝣于天地，渺沧海之一粟”一样，都是生命的顿悟。用两种环境里的鱼比喻生命的被动和无奈也是形象、生动、贴切的。这首诗对小我、本我和自我的定义及内涵值得商榷。

《“一”的世界》写得洋洋洒洒，气势磅礴。“一是人生命中写下的第一笔，/也是人生中写出的第一个字。/从一而始，从一而终，/一是贯通生命始终的路。”“一”看似简单，其实很复杂。你能想到多大，你的世界就有多大；你能想到多高，你的境界就有多高。这不单纯是想象力的问题，与知识素养、社会历练、思辨能力等有关。“功夫在诗外”讲的就是这个道理。如果仅仅在诗内下功夫，不会写出这样的诗。如果没有一定的文化，也上升不到哲学的高度。感性思维与理性思维的交错使用，拓展出广阔的审美空间。诗歌首先是感性的，否则就不成为诗。在这首诗中，作者把“一”比作“贯通生命始终的路”。虽然人生之路没有这么平坦，但“‘一’的两头是生与死”，用“贯通”还是贴切的。人生的道路从微观上观察有曲有直，但从宏观上俯视基本上还是平直的。如果一直是弯的，谁还受得了。“一是复杂和简单的混沌，／一是黑与白之间的灰色；／一是万事万物的本源，／一是宇宙世界的全部。”结尾有点抽象，但它背后有若干意象在支撑，是对人生和宇宙经验的浓缩和理性的认知，不觉空洞。

《乌鸦的倾诉》是一首为乌鸦正名的诗，是一首拨乱反正的诗。人们对乌鸦的偏见已经不可救药，不管乌鸦什么颜色，都被贬斥为“天下乌鸦一般黑”；乌鸦即使说出真理，也被诅咒为“乌鸦嘴”；乌鸦翅膀大于尾巴，振翅飞翔时，被污蔑为“动物界最不怕死的流氓”；乌鸦形成团队时被讥笑为“乌合之众”。乌鸦不管怎么努力，都洗不白自己，被贴上一个不祥的标签，被戴上一顶有罪的帽子，被冷嘲热讽，被无情打压，被无端羞辱。作者对乌鸦的同情，可以说是对公平正义的呼唤。人类的偏见根深蒂固，对自身的问题却视而不见，比如大量的“婚外情”，在这一点上远远比不上乌鸦对爱情的忠贞。嘲笑乌鸦叫声不好听，自己却吹牛拍马，满嘴谎言。作者呐喊“每个生命都值得尊重”，这是对生命尊严和权利义正词严的捍卫。我们既要学会欣赏别人，又要懂得反思自身，这样才不失为一种风度和智慧。作者在《偏见》中写道：“偏见是脑袋里的蛀虫，／不下决心灭杀它，／它就会一天天长胖长大，／蚕食脑袋成为吹着阴风的黑洞。”偏见害人又害己，人们应该改变固化的思维，尊重客观事实，防止思想僵化。在《“门”的心声》中对人类自身爱走歪门邪道进行了尖锐的批判：“我知道，人们总在利用我：／搞艺术的说什么流派门派的；／做学问的说什么门径门道的；／升官发财说什么拉关系找门路的；／百家争鸣就胡言乱语五花八门的。／我知道这些个利用者的用心，／但，门锁就是我的良知，／始终把底线坚守视为生命。”值得称赞的门锁还在坚守底线，对一些钻营者不会放任自流，这就是时代的良知和责任。

《不要碰感情》，从题目看，作者好像被感情伤害过，有“一朝被蛇咬，十年怕井绳”的敏感、迟疑、害怕，其实作者是对世上多少情感故事的提炼和概括。感情本是抽象的，作者把它比作伤人的利刀、被污染的纯净水、浮躁让它波涛汹涌的湖水，奉劝世人“宁可让它在心的水库里蓄积／也绝不轻易开闸把它放流”。感情并不可怕，但要慎重对待。这首诗具有启迪和警示作用。艺术上五节都以“不要碰感情”开头，一咏三叹，强化了抒情效果。比喻均来自日常生活，既形象生动，又有说服力。严谨的结构与严肃的内容相适应。是一首思想与艺术、情感与哲理兼备的好诗。

从以上所举的几首诗，可以感到山中人不是为写诗而写诗，他的诗不是硬着头皮编出来的，而是从心灵深处迸发出来的，是从生活中提炼出来的。他的诗很自然，有真情，有见解，不是“为赋新诗强说愁”。比如《泪是人生红颜知己》，我还没有看到别的诗人从这个角度写人生的感悟，没有一点书卷气，贴近生活和心灵，十分接地气。像山中人，他也许没有读过多少诗歌理论，写出的东西也很少打磨，反而具有生活的质感和心灵的温度。

山中人的很多诗值得品味，比如在《风景》中写道：“这个世界／不缺风景／缺的是看风景的人。”更准确地说，是缺会看风景的人。在每一处风景面前，人山人海，熙熙攘攘，有几人真正读得懂风景？这个风景不仅仅是山水自然，也包含人文内涵。世上美的东西数不胜数，但真正能欣赏美的人却寥寥无几。关键在人的素质，如果国民素质上不去，谈民族崛起不是纸上谈兵吗？这首诗貌似简单，其实并不简单，引发读者思考的内容很多。《世界》也写得别出心裁：“世界不大，/只因为牵挂；/世界很大，/因为无牵无挂。”世界大不大，不在于世界本身，而在于人的主观感受。如果没有牵挂，茕茕孑立，孤苦伶仃，世界就大而空洞。如果有了牵挂，沉浸在一个私密空间里，世界就小而充实。这样的世界被内化于心，是外在与内在的有机结合，是内宇宙与外宇宙的一次情感碰撞。《日子》写得耐人寻味：“日子就是一串串的生葡萄，/挂在岁月的葡萄架上，/每串葡萄都很迷人；/摘一颗葡萄品尝吧，/味道却是酸的涩的。”一个一个日子连起来就像一串葡萄，日子就像葡萄一样迷人，在没成熟之前，却是酸的涩的，但总有变甜的时候，酸甜苦辣就是生活的味道，蕴藏着对美好生活的憧憬。作者写霓虹灯一反常态，浸透着浓郁的主观情绪：“仿佛你生来，/就是为了炫耀：/越是人多的地方，/你越是摇头晃脑。”表达对都市欲望的反感，也是对心浮气躁、骄傲自大那类人的含蓄批判。这些诗都写得很独特，很含蓄，很有思想内涵，令人耳目一新。

山中人能写到这个程度，已经超出我的想象，让我喜出望外了。对山中人而言，生活中有诗意，可能也就知足了。他本着顺其自然的理念写作，不经意间写出了一些好作品，这样写下去我相信还会写出好作品。其实，他也在不断地学习，在自序中写道：“捧一卷诗书，今天李白，明天苏轼；今天《诗经》，明天《再别康桥》；今天艾青，明天雪莱……真的是爱了诗词。偶尔也写写诗（也发表过），但终究不想去当回事地写。”古今中外的诗歌，他都在学习，只是写作时漫不经心。如果他当回事地写，既遵从自己的内心，又考虑诗歌写作的一些要求，他的诗还会写得更好些。建立在尊重客观规律基础上的自由才是真正的自由，是进入了一个更高层次的自由。写诗也一样，一些基本的规律还必须遵循，否则超越了边界就是对诗歌美学的破坏，诗的质量和效果就会大打折扣。

王立世，中国作家协会会员。在《诗刊》《中国作家》等国内外多家报刊发表诗歌1000多首，在《名作欣赏》《澳门月刊》等报刊文学上发表评论70余篇。诗歌入选《新世纪诗典》等70多部选集。主编《当代著名汉语诗人诗书画档案》。获全国第二十五届鲁藜诗歌奖，第三届中国当代诗歌奖（2013—2014）等多种奖项。《文艺报》《文学报》《名作欣赏》等多家报刊发表了对其诗文的评论。

代自序——说点心里话

于忙碌的生活工作中，挤出点月明星稀时的时光，写首浅浅的小诗，无疑，像夏日里拂面的一股清风，冬日里沐浴的一缕阳光，让人感觉舒服又温馨，滋润着人的生活。

在我，写诗是兴趣，是爱好，也是偷懒的行为。

说是兴趣，也许是从小就受了“腹有诗书气自华”的洗脑，开始读诗词时有些功利的想法；到后来，读古今中外的诗词，也算有了些许的休悟时，兴趣就浓厚了起来，不能说与诗词有“一日不见，如隔三秋”之感，也是如恋人般心心念念地想见。

说是爱好，是建立在兴趣之上的阅读行为。捧一卷诗书，今天李白，明天苏轼；今天《诗经》，明天《再别康桥》；今天艾青，明天雪莱……真的是爱了诗词。偶尔也写写诗（也发表过），但终究不想去当回事地写。

说是偷懒，是我已是“知天命”的年龄了。似乎觉得该对五十年的心路，作个结了。于是，就写写小文章而已。但总觉得文章啰唆，一写即长，现代人是“手指党”阅读，自己写也费劲，出力不讨好，于是，偷懒改写诗了。

这样讲，绝不是对诗，我有偏见——正相反，诗的语言，才是语言的大美。于是，写诗言志，写诗抒情，用诗的意象抒写诗意、诗情，写出诗的意境。既简短，又省事，还不乏其美。何乐而不为呢？——懒者也。

凡事都是有二重或多重性的。懒者为诗，也不是简单的事。真要写出启人性灵的诗，实属不易。但既已执笔，也无须反悔，硬着头皮做就是了，拿现在的时髦话说：“坚持，坚持，再坚持。”

继而一想，现在社会功利化的氛围太浓了，离审美的距离似乎远了许多；这本是个诗意的世界，但又有多少人是过的诗意的生活呢？因此，如我之一贯性格，我一定要尽自己微薄之力营造世界的诗意：一是要让自己过诗意的生活，时时处处发现生活中的美（从审美的角度看，审丑也是审美）；一是写几首浅浅的小诗，哪怕能影响一二受众，也能发现生活中的美，并为之感动，过诗意的生活，也不枉为诗作啊！

我知道，自己写的一些破破烂烂的诗作，其艺术性抑或审美取向，还有许多值得商榷之处。但，只要是想起“诗意的生活”，我的笔耕，就不想停止，不能停止，不愿停止。

目录

第一章 你是我精神的根

“伟岸如你的红旗渠啊，你的精神，就是中华民族的精神……”

“（红旗渠）你就是我心中的歌！你就是我精神的根！”

“只要人生与时代的追求共振，青春就永远不失艳丽的容颜……”

“什么样的熔炉的火，能熊熊燃烧千年万年，不只不灭，且越燃越烈？……只有——那思想和精神的熔炉的火！”

伟人说过，人是要有一点精神的。只要精神在，就无坚不可摧，无往而不胜。山中人泼墨如水，深情描绘伟大领袖、劳动模范、民族脊梁、传统节日、退役军人等，正是追求真善美、弘扬正能量的具体体现。这种精神如阳光普照，似清泉流淌，是新时代向上向善的力量源泉，是社会思想境界的真实写照。

小诗三首

——写在毛主席诞辰 125 周年之际

随想

昨夜潇潇雪
今日洒洒雨
凭栏侧看园中树
株株杆直起
去岁星入夜
今又日当午
借天远眺人际遇
个个影无踪
侧耳闻风声
瞪眼看楼影
靠地跺足舞长臂
独独影相随
浮云日光破
星稀月光明

雁击长空展雄翅
天地伴舞随

别流泪了

别流泪了
我的朋友
在这个特殊的日子
我们应该——
手握鲜花
面带微笑
我也知道
他老人家
从降生的那刻起
就饱经沧桑
就历经风雨
多少的磨难
多少的斗争
多少的涤荡
多少的坎坷
那又算啥
那又是什么
不就是手术后
留下一点伤疤
好像你哭他的委屈
好像你哭他的不平
别流泪了

你

你是雄鹰
你是斗士
你是爬墙藤的旺盛
你是绿杨柳的茂密
你那矫健的步伐
你那刚强如铁的意志
你那如火如霞燃烧着的激情
你那无怨无悔的牺牲
你是暗夜里的光亮
你是雷雨前的闪电
你是狂风时的树舞
你是激流下的湖面
你是点燃希望的火源
你是洞悉理想的阶石
没有了你
哪还有——
挺着的腰板
做人的脊梁

党啊，我的魂

值此党的98岁生日之际，《党啊，亲爱的妈妈》，响彻在祖国的上空，唱响在中华儿女的心中，党的魅力如锦绣山河动人。在这个人们喜欢讲故事的年代，讲故事的人也很多。我谨用一首小诗浅浅地表达对党的深情。

——题记

（一）

党啊，你是天空！
你有天空的辽阔；
你有天空的视野；
你有天空的高度；
你有夜空的繁星。
在你的天空上，
有如太阳一样的信念，
始终发着“为人民服务”的光；
在你的天空上，
有如月亮一样的清辉，
照亮我们在暗夜里前行的路。

（二）

党啊，你是大地！
你有大地的敦厚；
你有大地的坚实；
你有大地的丰美；
你有大地的花香。
在你的大地上，
有如泰山一样的意志，
风雨无阻承载着万物；
在你的大地上，
有如河流一样的上善，
抒写了无数可歌可泣的故事。

（三）

党啊，你是太阳！
你有太阳的执着；
你有太阳的无私；
你有太阳的能量；
你有太阳的光芒。
你的太阳，
永远充满着正的能量和光，
温暖了一代又一代人的心；
即使乌云遮蔽你的光芒，
你也要让乌云发出光，
融化成雨滋润万物呈现彩虹。

（四）

党啊，你是空气！
你有空气的丰富；
你有空气的无为；
你有空气的有为；
你有空气的生命。
在你的空气里，
到处都飘着哲理的思辨，
回荡着实事求是与时俱进的真理；
在你的空气里，
上连接天下滋养地，
紧紧拥抱的是人民的幸福。

（五）

党啊，你是母亲！
你是天空！你是大地！
你是太阳！你是空气！
所有的比喻都是蹩脚的，
说什么都有点牵强附会。
是你，让饱经沧桑的祖国，
在世界的东方站起来富起来强起来！
是你，让 960 万平方公里的土地上，
鲜花绽放生灵茁壮人民安康快乐！
是你，让现代纷繁复杂的世界里，
响起“共建人类命运共同体”的声音！

红旗渠啊，我精神的根（叙事诗）

（一）

我手中的这支拙笔，
哪能够写出你的气势？
可是，可是，
你已是我的初恋情人，
自从那天见到你，
我的心就一直波翻浪滚，
你已驻足在我的心中。
哪里啊，哪里只是情人？
你就是我心中的歌；
你就是我精神的根。

（二）

我们不曾见面的日子，

你已是我心中的传奇！
你诞生于20世纪60年代，
十年的春秋怀胎，
十万大军的苦战寒暑，
你成了太行山腰的“人工天河”。
你削平了1250座山头；
你架设了151座渡槽；
你凿出了211个隧洞；
你挖砌了2225万立方米土石方；
你像卧龙蜿蜒1500公里。
你“智开太行山”——
山从水中过，
水在山中流；
你“引漳入林”——

渠流漳河水，
绕山入林州。
你号称“世界第八大奇迹”！
你雄浑如太行山一样；
你如太行山一般壮美！

（三）

我今天来了，来了，
迫不及待地在寒风中来了。
我们热情地约会了，
我终于见到你了！
我脚走在你——
高 4.3 米的堤坝上；
我看着你“天河”的水流，
我的腿禁不住地酥软。
我是有些心里的害怕？
我是一介柔弱的书生？
不，根本不是的，
那是我的心在震颤！
如此窄的堤坝，
十万建筑大军，
手执铁锹、铁锤，
仅仅靠着双手，
是如何砌垒起这通途？
又是如何推着那小平车，

欢畅般地在上面奔走?
那“太行一绝”的“一线天”,
那鬼斧神工般的石头,
如一面墙似的立着,
何以如此的惊险神奇?
难道是——
上天感动着红旗渠的神奇,
倾心送来这尊贵的礼物?
仰望“鹰嘴崖”直插云霄,
这鹰展着翅伸着头,
仿佛自在地凌空翱翔;
这石山凿出的雄鹰啊,
你俯瞰着神州美丽的大地,
你心中奔流着漳河水样的激情!
因为,因为,
你看到了劳动的大军,
是如何跃空挥耙,
筑就你今日的辉煌;
因为,因为,
你看到了那漳河的水,
是如何奔流林州,
滋养着红旗渠的儿女。
那断壁而凿的“青年洞”啊,
你睁着大眼睛,
听着漳河水的流淌声,
你心里的欢歌,

又有谁能读懂？
那“虎口崖”的虎口啊，
你为何总惊叹地张着嘴？
我知道啊，我知道：
你在惊叹着——
这天地间红旗渠的神奇；
你在惊叹着——
红旗渠儿女的奋为！
那“神工铺”啊，
你的心胸宽阔无比，
你见识的——
不只是建筑儿女的身影；
你装着的——
不只是劳动人民的情怀；
你拥有的——
更是华夏儿女的精神！

（四）

红旗渠啊，
你为何如此的神奇？
你为何如此的丰富？
我知道了，我知道：
因为你有着——
坚如磐石的精神，
那就是“红旗渠精神”：

自力更生，
艰苦创业，
团结协作，
无私奉献。
伟岸如你的红旗渠啊，
你的精神，
就是中华民族的精神；
雄奇如你的红旗渠啊，
你的精神，
就是改革开放的精神；
壮美如你的红旗渠啊，
你的精神，
就是新时代的精神。
红旗渠啊，
你的精神，
感染着我！
震撼着我！
我无法不拿起这支拙笔，
可是，无论如何，
我也表达不出，
我对你精神的敬仰！
我要高声地说——
红旗渠啊，
你就是我心中的歌！
你就是我精神的根！

这一天，我的呼唤

这一天啊，我呼唤您——
敬爱的周总理，
您在哪里？
这一天，是您诞辰一百二十一周年。
山河为您重拾记忆，
日月为您大放光辉。
我的心里不住地呼唤——
周总理啊，周总理，
您在哪里？
您在祖国的山河里；
您在日月的光辉里；
您在人民的心坎里。
新时代啊，需要您！
因为您的心里装着人民，
您的精神永放光辉！

这一天啊，我呼唤您——
雷锋同志啊，
您在哪里?
这一天，是学习您五十六周年纪念日。
塞北的风呼叫着您，
南海的浪呼喊着您。
我的心里不住地呼唤——
雷锋同志啊，
您在哪里?
您的共产主义精神，
您的螺丝钉精神，
影响了一代又一代的人。
新时代啊，需要您!
因为您的大公无私不逐名利，
新时代社会需要您!

这一天啊，我呼唤您——
我的年轻司机啊，
祝福您生日快乐!
吃碗长寿面愿您健康，
吃条红烧鱼年年有余。
我们为了理想的追求，
异地他乡不住地奔波奋为。
不要有辛苦劳累之怨，
不要有背井离乡之愁，
这是我们应有的职业精神。

新时代啊，呼唤职业人！
呼唤涌现出千千万万的职业人；
职业人的职业就是奋斗的事业，
职业素质素养是职业人的底色，
职业精神永远是职业人的根！

致劳动者

——写在『五一』

我为何就不能去想你?
真的，常常是——
每每想起你来，
我总是双眼满含泪水。

那滚滚的泪流，
都涌自我的心底;
就像拨动钢琴的琴键，
弹奏出的是我的心曲。

在这把爱说烂的时势里，
我的心里总藏着你;
因为，我深深地知道——
我至真至情地爱着你!
你总是像蜜蜂一样，
扑扇着自己的翅翼，

芬芳了那花的容颜，
酿出了那甘甜的蜜。

你不畏阳光暴晒地汗流，
因为你——
闻得汗滴禾下土的味道；
你不畏寒风雪飘的凛冽，
因为你——
懂得保家卫国守国土的光荣。

你不惧机身隆隆的轰鸣，
因为你懂得——
制造业发展是国民经济的命脉；
你不烦循循善诱的说教，
因为你知道——
祖国的花朵需要园丁细心浇灌。

你总是穿着白大褂实验，
因为你向往——
卫星如嫦娥在星河系里奔月。
你不怨披星戴月的出入，
因为你懂得——
劳动者诚实劳动就是勤奋付出。

你不喜喧哗，因为——

你深懂默默耕耘的光荣；
你不好奢华，因为——
你深谙朴实无华的魅力；
你绝不狂妄，因为——
你深知奉献努力的幸福；
你从不迷茫，因为——
你心里亮着理想奋斗的灯塔。

你就是——
那普通而又伟大的劳动者！
你的天空正五月晴朗无比；
你的胸怀似大海宽阔无际。
我每每看到你的身影，
我激动的心就澎湃汹涌；
我每每想到你，
我双眼总噙满着感动的泪水！

致青春

——写在『五四』

我的两鬓已染霜花，
我的青春你还在吗?
我想牵着青春的手，
恋爱在人生的花园里。

青春有着亮丽的颜色，
却不是年轻人的专属；
青春是人生的一种状态，
绝不是人生中一段过程。

青春是激情燃烧的岁月，
理想的火苗跃动如星火，
激情的烈风吹燃熊熊的火焰，
青春成了追求的红彤彤世界。

青春不厌群山之高耸，

青春不烦激流之汹涌；
青春的脚步在山路上穿行，
青春的身姿在大海中畅游。

少年的青春是童真清纯；
青年的青春是奔放热烈；
中年的青春是成熟奋进；
老年的青春是指点人生。

奋斗是青春最亮丽的底色；
时代是青春最纯净的画布；
你我是青春最抒情的画家；
人生是青春最写意的画作。

只要人生与时代的追求共振，
青春就永远不失艳丽的容颜；
就像乌云有时遮蔽太阳的光芒，
太阳的存在永远就是发光发光。

不要说青春易逝人易老，
——“若有诗书藏于心，
岁月从不败美人”。
腹有诗书之青春自是气华人。

不要说霜染两鬓无青春，
青春做伴霜发，犹如:

山舞银蛇，原驰蜡象。
真与天公试比高啊。

青春的生命力在于真理之追求，
真理的火炬高擎在人生的手中，
燃烧在人生路上的火炬之光啊，
永远是人生青春岁月的路标！

致敬老兵！

老兵啊，老兵，
你是我心中一个久远的梦！
几回梦里见了你，
我的泪涌湿透了枕巾。
我读过写你们的书；
我看过拍你们的电影。
在油菜花金黄飘香的日子，
塬上的阳光和风清美着大地，
老兵！你终于和我一起握手！

你留着的小平头上华发稀疏；
你拄着的拐杖叩地声声响；
你安着假肢的空荡荡的左腿，
颤悠悠地挪步上楼；
你却推开想扶你的人独自行走；
你的背影啊，

挺直的腰杆依然那么威武！

你的脸上、肩上、胸上，
有那么多弹片穿过的孔痕；
你的牙齿也被弹片，
打出了几个黑洞；
你被弹痕歪斜着的眼睛、嘴唇，
甚至无法正视着看人，
不能利索地发出清晰的声音。

可是，你的脸上放着春天的光；
你的脸色平静如湖水；
你颤巍巍地讲着老山战斗的故事，
你讲的是那遥远的，
却又仿佛在眼前的战友的事迹。
你眯缝着的眼睛里总是，
透着深邃而又悠长的光。
你不住地为战友们感动落泪。

我能听到你激动的心跳，
我的心跳加速也不能自抑。
当我问及你这二十多年的日子，
因身体带来的生活不便后悔不？
你却扬起头坚定地说：
“我个人哪有什么后悔？
我活下来了，还活得很好。

如果说后悔，
我只后悔那些逝去的战友！”
老兵啊，
你的心胸何以如此宽广如海？

老兵啊，向你们致敬！
你们保家卫国牺牲自己，
你们却无怨无悔！
你们选择了军人的职业，
你们深谙奉献精神的可贵！
致敬，亲爱的老兵！
在你高大的形象面前，
我渺小如一粒尘埃。
但我的感动已让我坚信：
你们的高贵的精神如花，
已开在新时代我的心田里！

端午情思

（一）

什么样的熔炉的火，
能熊熊燃烧千年万年，
不只不灭，且越燃越烈？

什么样的海边的风，
能呼呼吹拂千年万年，
不只不断，且越吹越猛？

什么样的天上的云，
能猎猎奔走千年万年，
不仅不散，且越跑越聚？

只有——
那思想和精神的熔炉的火！

只有——
那思想和精神的海边的风！
只有——
那思想和精神的天上的云！

（二）

你啊，你——
问了天，辞了楚，
离了骚，唱了九歌。
你那诗人的吟唱之歌，
千年万年了，我们都在唱着：
——“路漫漫其修远兮，
吾将上下而求索。”

可是，你那华丽一跳时，
怀中抱着的那块石头，
却被汨罗江吞噬了，
我是无论如何找不到了！

请伟大的你，告诉我，
那块思想和精神的石头，
那石头的火，石头的风，
石头的云，在哪里？
——在哪里？
——在哪里呢？

（三）

粽叶飘香的地方，
是在那泥湿的芦苇丛里；
艾草浓香的地方，
是在那阳光照射的艾草地里；
龙舟竞渡的地方，
是在那绿水荡漾的湖水里。

霓虹灯闪烁人声鼎沸的繁华里，
谁在问天？谁在辞楚？
谁在离骚？谁在九歌？
谁又在——
尝着粽子、赛着龙舟、嗅着艾香时，
想起那芦苇丛、艾草地、湖水面呢？

第一章
你是我精神的根

第二章 你生来就是一个奔跑的人

人是什么？我是谁？我从哪里来？我到哪里去？等等问题，是诗人绕不开的问题。山中人对这个问题的探索，体现在他的多篇诗歌中。他认为，这些不是假大空的问题，也不只是哲学家思考的问题，这其实是人生的根本问题。“我要忘我，因为我是一粒尘埃。”

在山中人眼中，除了具体的物，如风、云、雨、雾、丑橘、胸花、窗户、冰雹雨等可以入诗外，更多的是描绘一些抽象的内容，如偏见、心湖、等待、平静、距离、孤独、乌鸦的倾诉、生命的故事，等等。这体现了诗人对自己内心的剖析与思考，一种反思与探求意识。

“生命，我们不能选择，我们可以选择善待生命。”

“故事是一串串的风铃，在无边的旷夜里鸣翠……”

“生的时间不能无限延续，生的空间可以由人扩展。”

“我的心湖里，架着一座良知的桥，东头的桥座是爱，西头的桥座是义……”

“孤独是无为人生的常态，无为而为的孤独风景万千……”

山中人在生意场上如鱼得水，却波澜不惊地生活在自己心的宁静中，对自己，对人生，都有深入的思考。生来就是一个奔跑的人，我要到火热的现场去！

我

我是小我，
欲望的根系盘根错节：
物质的情感的精神的……
交织成一张无形的大网。
小我就是网里的鱼：
挣扎着看似活蹦乱跳的，
其实，那才是真正痛苦的。

我是本我，
天地的浩然气滋养了我，
父母的精气神滋润了我。
可我浸泡在社会的大酱缸里，
本我就成了酱缸里的咸鱼：
同情心好奇心那发现美的眼睛，
早已经脱离了我的身。

我是自我，
家乡的水土流淌在血脉里，
家风的云飘荡在我的心空，
教育的路延伸在我的脚下。
我钻在这自我的隧道里，
任由洞风凛冽地狂刮，
脖子上总立着一颗花岗岩脑袋。

小我，本我，自我，
像风吹云行一样绑架了我。
我住在这些“我”筑就的牢笼里，
不见阳光不见花开不听鸟鸣，
风吹的心湖上总翻腾着如麻的浪；
越是在那月明星稀的夜晚，
时间的车轮碾轧着我浑身碎骨。

去吧，我的小我、本我、自我，
你们可曾听到过我的内心，
内心深处的呻吟和呼唤？
我和我的心谈了场旷日情深的恋爱，
我的心告诉了真我的声音：
告别了，我的小我、本我、自我，
我要忘我！因为我是一粒尘埃！

我说

我说：夏天的太阳炽热
开着空调的房间阴冷
不如太阳底下的树影
——清凉宜人

我说：山路的蜿蜒如蛇
站在沟底看不到山顶
却不如山羊的四蹄
——自如穿行

我说：你的言语如春日杨花
飘得满世界都是
却不如这四个字的分量
——深爱如海

我说：一千次的呼唤响彻山谷

回音嘹亮和着鸟鸣
却比不上真切的行为
——默默相守

我说：你拼命挖一千口井
却见不到水
不如深挖一口井
——井水汩汩

我说：迎着朝阳行进的你
与其目光不能正视
不如低头看路
——路在脚下

走在岁月的边上

岁月如流
流过那时空的河槽
任由雨雪风霜的侵扰
我就走在岁月的边上

我走在时间的边上
素日里手表的声响风散
手机上的时间也无须去看
太阳升了降了天明了暗了
日出而作日入而息
我在数着星星吃饭

我走在空间的边上
父母亲的笑容只能听见
老宅院子里的那株枣树哟
叶绿了花开了枣红了叶落了

岁月飘零星移斗转
我只能满怀深情地思念

坐在飞机上翻开一本书
世界仿佛就是一个颜面
坐在长龙样的高铁上品茗
沿途的树草风景都在奔跑
经意与不经意间
岁月早已走进了陌生的时空

旅游经历的是时空的更替
工作流动的是岁月的风景
几度风雨几度春秋
几多心绪几多怨愁
真是“一蓑烟雨任平生”
其实“也无风雨也无晴”
这都是在岁月的边上游走

我真不是感叹岁月的沧桑别离
我也不是感慨岁月的东南西北
甚至，我反感岁月无情的叫嚣
岁月真就是一段一段地生成
像人要经历婴儿幼儿少年长大成人
只是我们每走出一步
每时每刻就走在岁月的边上

感怀

霓虹灯啊——
你闪烁得如此妖艳，
引得那么多的信众，
驻足围观；
仿佛你生来，
就是为了炫耀：
越是人多的地方，
你越是摇头晃脑。

霓虹灯啊——
你是否知道？
太阳和月亮，
天天坚持着起落，
平实得从无声叫；
只顾在白昼和夜晚，
默默地发光和发热，

将光和能播撒人间。

霓虹灯啊——
你妖艳了你的容颜，
你也引来了蚊子的缠绵，
你的生命总是那么短暂；
太阳和月亮呢，
始终高悬在无际的天空，
万物却总是——
仰望着敬畏着他们！

写给自己（诗三首）

可惜

没有虚情
没有假意
我真的
真的想把
每件事做好
每句话说对
可惜
我真的不是圣人
我没有那样的本领

有的是真诚
有的是良善
我真的
真的想把

一切做得完美
可惜
我真的是个凡夫
我还是个俗子

没有的没有
有的一定要有
我真的
真的知道
可惜只是可惜
怎能寻找借口
人生前行的路
就是心灵升腾自由的路

真诚

假如你是真的
发自内心地
对我微笑
你想来
你就来
不带半颗米粒
带着你的一颗心
来吧
我拥抱你

拥抱着我们彼此的尊重

假如你是有目的的
为了功利
对我微笑
你想来
你别来
带着你的黄金
带着你的不安的心
去吧
我告诫我
要在心的宁静中生活

不要碰感情

不要碰感情
感情是利刀
随时都有刺伤人的可能

不要碰感情
感情是纯净水
可它总是被污染得不能入口

不要碰感情
感情是湖水

可尘世的浮躁总让它波涛汹涌

不要碰感情
宁可让它在心的水库里蓄积
也绝不轻易开闸把它放流

不要碰感情
不能让它像放飞的鸽子
但愿它是稻草人般守候

我愿（外二首）

我愿——
在那旷野上或山谷里
舒展开双臂奔跑
任凭秋风浸骨的强吹
任凭山石粗犷的羁绊
就是那雾霾疯了似的弥漫
无非是
脚步的轻轻慢慢
汗流的洒洒落落
还有什么
倒是
不经意的花香鸟语
无意中的小溪水声
让那奔跑的脚步
追随着
向前

向前
纵然前面是悬崖峭壁
沉埋去的无非是躯体
永恒升腾着的却是魂灵

我想

我默默耕耘着的心地
不想有荒草一丝
不想有污水一滴
羊群走过有青草齐齐
白马奔跑无羁绊碍身
没有急急风风
没有躁躁云浮
没有寂寂月光
有如清风拂面般柔柔
好似细雨润物样无声
我想——
牵着人性光辉的手
望眼看云起云散
翘首待日出日落
偶尔
鹰击长空飞过
一串振翅的回音
那就是我的心声

我是

你是翱翔天空的风筝
我是牵引着你的拉绳
你的展翅
是放飞你的舒展
也是抖落给我的美丽

你是草原奔腾的骏马
我是牵引着你的缰绳
你的腾跃
是奔放你的热情
也是激发给我的正能

世界告诉我

我赤裸着身子
飘落在这个世界
我就是一个肉体
我又懂得什么

我吮吸母亲的乳汁
母亲轻手抚摸着我
目光痴痴细声轻语:
“孩子,你会一天天长大的！”

我浸润在老师的教诲里
老师的哺育是山泉流水:
“这是诗，那是歌;
这里是山川，那里是湖泊。”

我跋涉在崎岖的山径上
山路告诉我
蜿蜒盘旋的脚下

一定会呈现出山的厚重奇伟

我在云里走着
云儿告诉我
风儿吹过云卷云舒
风就是风情的种

我在飞机里坐着
空姐的微笑告诉我
这个世界的温馨
是多么感人肺腑

飞机关舱开舱之间
季节就从冬雪走向夏阳
飞机告诉我
世界的惊奇人永远在探知

我只是个我
我同鸟儿飞过蓝天
如不是世界告诉我
我又能知道什么?

我只是个我
定是世界在告诉我
如果我不是个我
我又能知道什么?

寻找自己

这个世界，物质的丰富使人生活得似乎精彩。可是，细细想想，有些人在丰富的物质生活中，贪图物质享受，物欲横流，却逐渐地在丧失自己。人究其一生，无论学习、生活、工作，成家、立业、做事，都是在寻找自己的一个过程。——我是谁？我从哪里来？我到哪里去？我需要什么？我该如何做？如此等等的问题，不是假大空的问题，也不只是哲学家思考的问题，其实是人生的根本问题。这些问题，我们不去思考，自己不清楚，即使住在黄金的屋里，被丰富的物质包围起来，也无异于行尸走肉，没有幸福可言的。有感于此，小诗以记之。

我捧一掬清泉
在茫茫金黄的大沙漠里
寻你
我见到了那日出的光影
却没能见到你

我盛一杯清酒
在碧绿无际的大草原里
寻你
我见到了那狂奔着的群马
却没能见到你

我执一卷缆绳
在一望无际的大海边上
寻你
我见到了那劈浪的轮船
却没能见到你

我备了一身的暖衣
在蜿蜒连绵的群山顶上
寻你
我见到了山沟缭绕的云雾
却没能见到你

我用尽了我的心思
在世间天地的角角落落里
寻你
其实
我只是一直在寻找自己
因为你从来就在我的心里

你生来就是一个奔跑的人

——寄语生日

我不知道该怎样回答你的问题：
你的心乱如麻、心绪如云，
或者说你压根有些话冰藏在心，
我只能这样地表达我的看法。

你能不能不要计较，
哪怕是鬼影一样的来去？
你能不能不要揣度，
哪怕是天雨一样的降落？
你只要尽心尽力做好自己，
管它狼来虎去呢？
你所以计较揣度这些，
那是因为你不自信、心里无底，
抑或心有兔子，要不然，
举着火炬一直前行的你，
谁又能阻挡你的步伐呢？

你委屈别人对你的如此误解；
你不解别人对你的如此做法；
你不明白别人为何口是心非。
你计较别人的两面三刀背后捅刀；
你揣度别人是为了个人的私利。
可是，假设你说的这些全对，
你能改变得了别人的如此妄为吗？
既然你改变不了别人的非为，
你会让别人的非为影响你也不为吗？

我们不要用别人的错误惩罚自己，
这无异于傻子的行为。
世事既是一个繁杂的蜘蛛网，
我们只能从中找到奔跑的路标。
人生实在太短，短得从早到晚；
人生实在美妙，美妙在体验人生的繁杂。
笑的让笑吧，说的让说吧，做的让做吧，
奔跑着的你只管奔跑吧，
因为你生来就是一个奔跑的人。

因为你懂得胸怀、格局、境界，
那是做人宽容走向理想的前提；
因为你明白忠厚、善良、真诚，
那是做人安然前行的素养；
（虽然这有时会被利用会被算计，
但那不是可以看清人的真面目吗？）

因为你理解正直、公平、正义，
那是做人脊梁挺直的尊严；
（虽然这有时会被碰得头破血流，
但那何尝不是人生的体验呢？）
因为你深解学习、勤奋、思想，
那是做人深刻人生丰满的翅膀；
因为你深知正道直行、
将军赶路，
不追小兔，
那是因为你心中憧憬梦想！

我愿到火热的现场去

我愿到火热的现场去
因为所到之处
总是充满着无限的生机
勃发着的生命的激情似火
令人总活在青春的岁月里

我去到农民耕地的田野里
牛犁车耕，土地翻着浪花
成熟的稻子，谦虚低着头
美丽向日葵，金花总恋着太阳
再看看那劳作的大爷啊
晨光暮霭里，脸上总是熠熠生辉
一声声的吆喝，山都为他们歌唱

我去到建筑施工的现场里
耸天的塔吊如雄鹰展翅

施工吊篮电梯不停地上下舞动
焊花飞溅着的钢架就是一幅画
再看看那戴着安全帽的工人啊
沐风浴雨里，脸上滚落着汗水
一座座的高楼，就是他们书写的诗篇

我去到那光洁敞亮的工厂里
流水作业的一台台设备
像手挽着手的亲兄弟
轰轰隆隆奏着欢快的旋律
再看看那穿着工服的师傅们
披星戴月里，脸上平静如湖水
一件件的成品，深刻着他们的印章

教室的黑板上，播撒着老师的激情
边防的哨所上，雪映着战士的英姿
公园的长凳上，银发的大爷大娘挽着手
街上的三轮车上，有对笑着相拥的夫妇
安静的病房里，浸润着白大褂们的温情
无论走到哪里的现场
哪里都有热爱生活的人的魅力

啊，我不愿做那宅男宅女
我更不愿做不劳而获的寄生物
我愿到火热的现场去
那里有阳光有风雨有生机

和那里的所有生活的人
一起笑语一起流泪一起洒下汗水
有味道的人生就在火热的现场里

第二章 你生来就是一个奇绝的人

选择（哲理诗）

（一）

水选择了河流海洋
土选择了大地高山
树选择了森林土地
云选择了蓝天清空

鱼选择了与水结伴
草选择了与土为伍
木选择了同林共生
雨选择了和云同在

大自然的选择无比奇妙
选择了就是选择无限
万物千年周而复始
仿佛蓝天永在一般

（二）

父母，我们不能选择
我们可以选择孝敬父母

生命，我们不能选择
我们可以选择善待生命

大地，我们不能选择
我们可以选择热爱大地

海洋，我们无法选择
我们可以选择保护海洋

说什么不能又不能
只是我们选择了不能
说什么无法又无法
只是我们选择了无法

为何我们不去选择“可能”？
为何我们总是选择“不能”？

（三）

我们不只要选择“可能”

我们还要深深地懂得：
选择了盛夏的白昼
就该接受炎炎的烈日

选择了秋天的夜晚
就该接受那月色星光

选择了神圣的婚姻
就该懂得爱情和责任

选择了担任举旗手
就该让旗帜高高飘扬

（四）

人们总是在选择时
选择得异常复杂
那是因为——
选择者的欲望太杂

革命的战火风起云涌
理想的火炬熊熊燃烧
选择“农村包围城市”
革命的道路就走向光明

选择——

要剥去现象华丽的外衣
选择——
要探求本质纯朴的规律

选择——
要叩问选择者的内心
选择——
要追随着时代的声音

选择了不该选择的
选择必然陷入悔恨的黑洞
选择了必然选择的
选择定能绽放绚丽光彩

选择了什么样的路子
就选择了什么样的生活方式
选择本身无所谓对错
关键是为选择付出的努力

故事

春风揉开了树的花枝，
花红柳绿招蝶引蜂；
阳光照耀蜜蜂的翼翅，
蜜蜂啊，嗡嗡叫着采蜜；
其实，这些都是故事。

故事生长在故事的季节：
——行走在时间的隧道里
——活动在空间的山川里
故事里有他、我、你；
故事里飘着花香和鸟语。

故事是一串串的风铃，
在无边的旷夜里鸣翠；
东边海浪滔天滚滚，
西边霞光万丈腾腾；

故事的铃声叮当东西。

世界是故事织就的世界，
人生是故事写就的人生。
世界的五彩缤纷——
皆是故事的缤纷五彩；
人生的悲欢离合——
都是故事的离合悲欢。

那么，请你告诉我——
谁又是故事的主人？
谁又在演绎故事的情节？
是人写就了故事，
还是故事成全了人？
人即是故事，故事即是人。

归来的歌（诗三首）

人生

放飞脑袋
让它与身体分离

走入时空的隧道
畅游古今的海洋

翱翔未来的天空
洞察天体的运行

感受历史的厚重
演绎现实的精彩

体会情感的细微
享受内心的丰富

说什么忙
忙无自我枉人生

说什么累
静有世界在心中

读万卷书书海畅游
行万里路不畏路远

阅人无数必得识人
高人指路心涌感恩

生的时间不能无限延续
生的空间可以由人扩展

人生不要探求意义
人生只要丰富高贵

同样的热情

一桌子的饭
八方来的人
同一种血脉
流淌着同样的热情

长辈高山仰止

兄弟情同手足
不为世俗的灰尘蒙眼
不让人世的倦怠浸泡

几多话语如汩汩泉水
几多欢笑似脆脆铃声
哪怕是
一则稚气未脱的童话
也足以让
饭厅里的灯——
瞬间闪亮
让餐桌旁的人——
熠熠生辉

乡村

乡村
就在大自然的怀抱里

在大山里
在山坡上
在沟壑边
在小溪的流水声里
在各种野花的芳香浸润里
在几株不经意散落的老树旁

牛羊成群如云起云落
鸡鸭成队如风吹波浪
猪哼哼叫了
鸟吱吱喳喳嚷着

天高云淡
白鸽群飞
乌鸦振翅
鹰击长空

似乎响起了雷声
蚂蚁水流样的搬家了
谁家的媳妇穿裙紧跑着
一头的烫发飘着飘着

遇见

遇见既已是缘
何必那么多的凄凄惨惨
既已是从西海岸到东海岸的遇见
还说那么多的惊涛骇浪干吗

花草遇见春风的拥抱
才把那红花绿叶展示给夏阳
夏日亲吻花的红叶的绿
秋天才会挂满累累的硕果

不要悲叹遇见了豺狼虎豹
不要感慨西北风刮得凶猛
既已走进冬的季节
既已遇见了妖鬼怪魔
庆幸这遇见吧——
凤凰涅槃的浴火重生

遇见既已是缘
真的不必纠结
——生的离死的别
只是不要忘记
——遇见中的深深的对视
遇见就该享受遇见的穿越
遇见就要懂得遇见的珍惜

不要说遇见还能遇见
不要说天上的太阳总是光亮
有一天，不再遇见
就是哭天喊地成泪人
遇不见就是遇不见
思念都无法思念

遇不见是人生的常态
就像花有开也有谢
遇见才是人生的偏爱
即使遇见得那么意外
其实，哪里会有意外
就在这遇见里默默深爱

时代的眼睛

我走在，走在
那清风如霞的街夜
这夜，长了猫头鹰的眼睛
直视着潮涌一样的河流
——这是人的河流
——这是灯的河流
——这是车的河流
——这是光的河流
不，何止河流？
看那高高低低的
闪烁着的霓虹灯
唱着欢歌
挥着彩绸
满是莺歌和燕舞
看那林林立立的
高楼大厦

窗窗的光亮
似九天的银河
满是欢歌和笑语
看那闪闪亮亮的
跃动自由光芒的星星
鸟瞰着这街夜的繁华
街夜啊——
就是五光十色的海洋
我走在，走在
这五彩斑斓的街夜
夜，长了时代的眼睛
逼视着这流光溢彩的世界

偏见

偏见是脑袋里的蛀虫，
不下决心灭杀它，
它就会一天天长胖长大，
蚕食脑袋成为吹着阴风的黑洞。

吃不上瓜就说瓜苦；
当不上官就说官腐；
挣不上钱就说钱臭；
哎，偏见就是花脸小丑。

无知是偏见之父；
无良是偏见之母；
妒忌是偏见之孪生兄；
算计是偏见之亲妹夫。
不要为偏见的一时得逞，
自以为窃喜鼓掌；

要知道——
这是小人的伎俩。

不要为伸出偏见的魔掌，
自以为英勇威风；
要知道——
这是魔鬼的嘴脸。

偏见啊，所以谓之偏见，
就像人的左脸看不见右脸；
仿佛人在谷底看不见峰顶；
好似井中之蛙看到的天空。

说什么“我就是这个样子”；
吹什么“你就是那样牛皮”；
你我在宇宙的时空里，
就生存在偏见的局限里。

偏见搅扰了他人的宁静；
偏见碾碎了自己的心湖；
要使自己和他人怒放心花，
就如骄阳驱走偏见的乌云。

行路

行路蓝天清辉沐，
喜望川原阔无际，
好闻山涧天籁音，
不觉神往处。

群楼栋栋立画处，
窗口户户掩帘住，
门页相对人不识，
都是独行步。

川原旷野日光翠，
花前月下疏影醉，
不识人间愁滋味，
日日花间睡。

山峦舞蛇叠翠屏，
沟壑霜齿飘香重，
一阵蝶飞鸟语浓，
戴帽人歌悠。

低头捧书美如颜，
抬头望窗花正妍，
只觉长路是短途，
心花正怒放。

红床绿被绣花枕，
寒光疏窗梦几度？
人生自是春光好，
为何要虚度？

心湖

我的心湖里，
映着岁月的影。
是楼影；是灯影；
是月影；是花影；
是垂钓者的影。

我的心湖里，
游着的鱼儿欢畅；
立着的湖岛默然；
智游的泳者奋力；
绘着春夏秋冬的风景。

我的心湖里，
架着一座良知的桥；
东头的桥座是爱，
西头的桥座是义，

桥面上满载的是情义。

我的心湖里，
也有沉沙与淤泥；
任凭西风刮东风吹，
那混浊的泥水，
总不让搅扰湖的春绿。

我的心湖里，
湖水随风荡漾；
粼粼的波光荡去，
湖面平静如幕布，
天地就在这里合影。

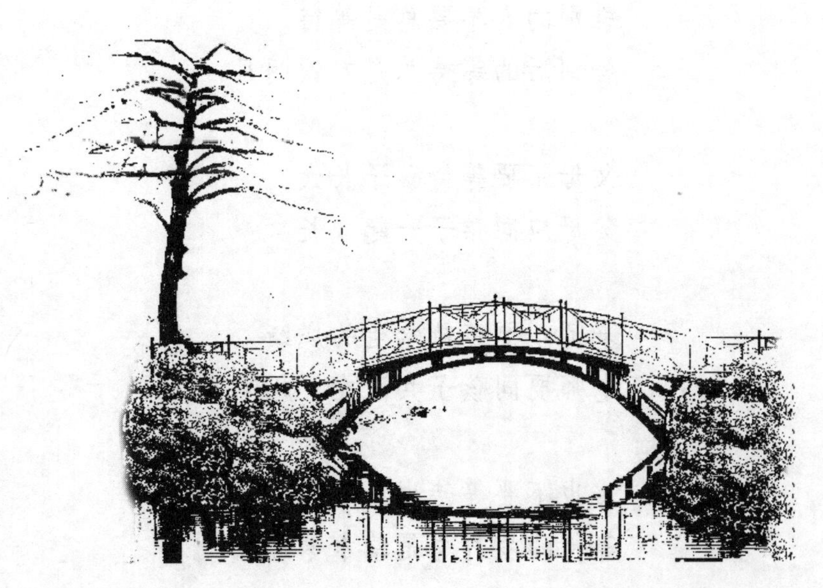

等待

等待的距离从天到地太远太远
等待的时间分分秒秒炙烤着太阳

思念的人不要总是等待
等待的思念总是梦里梦外

告别的人不要总是等待
告别后的等待总是对饮明月

父母不要等待孩子长大
父母应同孩子一起成长

老师不要等待学生的成绩
老师要同孩子共同在一起学习

谁也不要等待岁月静好
等待的岁月总是草木零落

不要让等待总成为理由
有理由的等待会英雄末路

不要让等待总成为借口
有借口的等待会美人迟暮

等待总是等待者的契约书
行动才是等待者的救命人

眼界

远处，
壁立墨黛的蜿蜒的山；
近处，
村庄红瓦房琳琅的顶。
在楼上，
窗口站着的我，
真切地感受到，
却不知道为什么：
山顶在对视着天空，
房顶却总直视着我。

『一』的世界

一是人生命中写下的第一笔，
也是人生中写出的第一个字。
从一而始，从一而终，
一是贯通生命始终的路。

有人说，一是身体，
后边的零才是财富、名利……
如此，那一就是所有的载体，
一就是所有一切的所有。

一是道生，一生二，
二生三，三生万物；
一就是“一道”的风景，
一是世界观，一是方法论。

一是万物，一是格局，

一是虚静，一是玄空；
一分为二，合二为一，
一已得已，九九归一。

一是相同，一是整体，
一是所有，一是全部；
一是第一，一是唯一，
一是无限，一也有限。

爱的一是大爱无疆；
业的一是专注专一；
生的一是一生一世；
道的一是道引法术。

一的两头是生和死，
一的中间是生死过程；
生死都是无边的未知，
过程却是灰色的混沌。

一是复杂和简单的混沌，
一是黑与白之间的灰色；
一是万事万物的本源，
一是宇宙世界的全部。

平静

我和时间，
同行在蓝天上。
白天，太阳光照着前行的路；
晚上，月亮光陪伴理想的梦。
有云的日子里，
我和时间像云一样洒脱。

我和时间，
同行在大地上。
大山，承载着行进的力量；
河川，洗刷了双脚的泥土。
花草蓬勃的日子里，
我和时间如花草一样旺盛。

我和时间，
同行在人世间。

时间，总是平静地歌唱；
我呢，总是如风样飘荡。
岁月流水的日子里，
时间常青着，我呢？

孤独

我欣赏大山的静默，
那是孤独者的状态；
我喜欢河床的蜿蜒，
那是孤独者的足迹。

静默成就了大山的孤独，
大山草木郁葱鸟语花香；
蜿蜒筑成了河床的孤独，
小溪发出了汩汩的声响。

孤独的恋人是心的静音；
孤独的伴侣是深刻的思想；
孤独的朋友是追求的理想；
孤独的享受是目标的实现。

孤独是一个人的自在；

孤独是一个人的清欢；
孤独者的脚下是希望的路；
孤独者的日子里充满阳光。

孤独总是和寂寞吵架，
就像蜂巢容不下苍蝇；
孤独总是和喧嚣和解，
就像舞者赢得掌声欢呼。

孤独是无为人生的常态，
无为而为的孤独风景万千；
孤独的生命异常艳美，
犹如万绿丛中那一朵红。

距离

我们之间哪有什么距离?
因为——
我们的心始终就在一起;
人们之间所以有着距离,
那是——
他们的心里却只有自己。

距离是从东到西的一段路程,
距离更是心与心间的隔与融;
从东到西的距离用尺子丈量,
心与心的距离要用心来度量。

思念把距离拉得忽长忽短,
思念的路边栽满千树万花。
思念的距离是等待,等待,
在天上在地上在海上——

距离因思念变成皎洁的月光。

目标把距离缩短到拧成一团，
有时简直连风雨都渗不进去。
目标就像那蓝天上的太阳，
阳光啊——
把追逐目标的人紧裹在一起。

大爱是心与心无距离的黏合剂；
理解是心与心无距离的奠基石；
包容是心与心无距离的催化剂；
理想是心与心相合影的照相机。

嘿，什么距离还是没距离的？
我是辽阔大自然的忠实儿子，
我成长在美丽自然的恩泽中；
大自然的山川、花草和树木，
我真心喜爱毫无距离拥抱着。

嘿，什么距离还是没距离的？
我是社会发展时代前进之子，
社会时代的滚滚浪花亲吻着我；
那遨游时代的帆船上的人哟，
我们那纯真的热情如波涛汹涌着。

啊，不要再说距离还是无距离，

我是我的一切的一切的主体，
由本我而自我而心我而他我，
我与心的对话时时如恋人一般，
我和心的融合已成登梯的台阶，
我心相随踏阶从谷底走向峰顶。

第二章 你生来就是一个奔跑的人

角度

我仰望着树梢，
鸟鸣响彻云霄；
风吹大树枝叶翻飞，
树叶婆娑如绿水清波。

站在树影下的仰望，
我被树影照得斑驳；
透过树叶窥视天空，
阳光陆离着我的心窝。

站在窗前的仰望，
大树干粗壮着腰身，
一头绿叶如秀发轻飘，
绿叶感恩着阳光的色彩。

站在远方的仰望，

大树挂在那山那天空上，
缠绵在一起的画卷，
啊，风景这边独好！

鸟儿藏在树冠里歌唱，
我静视大树在听着歌；
默想着大树是多么的神奇，
角度的不同使我思绪万千。

感觉

你的话语
声声慢
一等千年
只一句
就两个字

你的话语
飞瀑样
雾水飞溅
一瞬间
满地水湿

你就是你
语缓急
皆是心情
除此外
别人感觉

泪是人生红颜知己

泪是人生红颜知己
她懂得你的夏阳秋雨
轻柔抚摸着你的脸颊
滚热也罢，咸涩也罢
她总是牺牲着自己
为了照亮你的心扉

三九天啊，风疯狂地刮
眯缝着的眼睛啊
禁不住地泪水在落——
风啊，你为什么这么凶猛?
你到世间，究竟要干什么呢?

飘雪的日子啊，日子如雪
跪满孝衣帽的灵台前
泪是雪衣是雪花也是雪
泪急也罢，泪缓也罢

那么多飘着的雪
在诉说：死是生命的唯一

不说“泪湿罗衣脂粉满”
不念“惜别伤离方寸乱”
不品“云想衣裳花想容”
任由眼泪簌簌地流
有声也罢，无声也罢
更美的重逢是为生离的雅别

朝阳初升，红霞满天
落日余晖，染红半江
锦上添花花更艳
雪中送炭炭如金
任凭泪流泪奔
激越也罢，高亢也罢
感动的泪水——
总是浇出幸福的花

泪是人生大地的养分
草长花开叶绿果丰
都是真诚的泪的滋润
有泪的人生笑满人生
无泪的日子泪眼模糊
天高任由泪鸟高高飞着
俯瞰着人生的潮起潮落
泪真是人生红颜知己

风景

这个世界
不缺风景
缺的是看风景的人

这个世界
风景万千
缺的是风景的灵魂

自然是风景
人是风景
人造的自然也是风景

这个世界
风景无限
有限的是风景灵肉的合一

日子

日子就是一串串的生葡萄，
挂在岁月的葡萄架上，
每串葡萄都很迷人；
摘一颗葡萄品尝吧，
味道却是酸的涩的。

等待的日子，心如抽丝；
思念的日子，一日千年；
挫败的日子，度日如麻；
奋斗的日子，汗如雨下。

牵手的日子，春暖花开；
分手的日子，风霜雨雪；
花开的日子，怕风怕雨；
花落的日子，枯枝败叶。

登高望远的日子，
心中未必全是山川；
谷底穿行的日子，
脚下未必尽是泥泞。

日子有时是烈火的燃烧；
日子有时是风雨的飘零；
日子有时是小溪的水流；
日子有时是云雾的缭绕。

日子不是时间的滴滴答答；
日子是你穿行其中的心音。
纷繁如云酸涩杂陈的日子，
终究是趣味人生的盛宴！

时间的表盘

我把时间交给了操场
操场成了我时间的表盘
我的脚步哟——
时而急速跑着
时而缓步走着
我的双腿成了时间的指针

我把时间交给了书页
书页成了我时间的表盘
我的目光哟——
时而深沉如秋色
时而欢笑如春光
我的双眼成了时间的指针

我把时间交给了山川
山川成了我时间的表盘

我的思想哟——
时而激越如风雷
时而寂静如静夜
我的脑袋成了时间的指针

我把时间交给了你
你成了我时间的表盘
我的心里哟——
时而翻腾着你的笑容
时而定格着你的沉思
我的心情成了时间的指针

我把时间交给了人生
人生成了我时间的指针
我的人生哟——
无关乎风花雪月
也无谓下里巴人
时间的表盘就成了我的人生

哭泣

我在车上读书眉批，
车子晃动得字形颤抖变体。
偶尔望着窗外，沉思：
高速路上车似风行，
路边的风景孤独地
泼墨挥毫。
我看的书是——
《孤独是生命的礼物》
书中的作者写道：
“文明原本就非关善恶。”
“或许野蛮或残忍，
实际上根本就不是文明的对立面，
它们原本存在于文明之中。”
“欲力既已存在，
则暴行无从避免。”
“还好，除了‘我想知道’外，

人类还有别的本能，别的执念；
还好，人类还有设身处地的能力；
还好，人类还有‘想象他人痛苦’的能力。”
“在这样的世界里，善恶并存，
大屠杀可能发生，而人性中的
良善高贵也同样可能发生。”
——这些话语，
如同晃动的车子晃动着
我的脑子；
我的思维也如
变形的字体，路边的风景，
颤抖着飞跑着。
我的泪禁不住地暗自流着！
我知道
一半的泪水是善的喜悦之泪；
一半的泪水是恶的悲痛之泪。
可是，
人们看到时，却说：
我这就是在哭泣！
其实，
“生命始于哭泣也终于哭泣，
我们都有哭泣，
但从不真正了解哭泣与眼泪。”

致寻找太阳的人

你在树的影子里，
寻找太阳。
太阳却光亮透过树叶，
洒一地的影，
笑着看你。

你在大地的怀抱里，
寻找太阳。
太阳光照出草的嫩绿，
说你寻找到的不是太阳，
而是太阳发出的光。

你在漫天星星的夜空，
寻找太阳。
月亮的清辉为你洗脸，
星星眨着眼对你说：

“你这样无法找到太阳！”

你满含着双眼的泪，
寻找太阳。
太阳微笑着告诉你：
“找我不要追逐我的影和光，
一定要直视我的光源！”

乌鸦的倾诉

我是一只小小的乌鸦。
我所以要禁不住地倾诉，
就像雷鸣电闪后的暴雨。
我不是为了开闸泄洪；
我是想让天空露出太阳，
让阳光照到山涧和沟底，
让人间闪耀真理之光辉！

我长得是黑，
黑到有时脖子上的白，
都不会被你们认出；
以至于你们常常说：
“天下乌鸦一般黑。”
真的是吗？真的是吗？
——“这不公平！”
——“这不是事实！”

我的嘴巴长得是大，
我也喜欢放声鸣叫；
当我“哇哇”的叫声响起，
你们总以为这是不祥之兆；
嗤之以鼻地说：
——“乌鸦嘴。”
其实，这也是我奋进的号角，
就如人类需要奋起的歌声。

我是体形大的鸟，
我的翅膀长于尾巴，
那是因为——
我总想振翅而飞，
却不想翘起尾巴。
可你们说我是：
“动物界最不怕死的流氓。”
——“死，我是不怕！”
——“流氓，还是让给你吧！”
我早已懂得团队的力量，
我们的团队总是集群而行。
当你们成天喊着团队建设的口号，
我不是嘲笑你们的愚蠢，
是嘲笑你们说我们是“乌合之众”。
因为，我们生来就懂得——
每个生命都值得尊重；
团队的力量从来就大于天。

我们是集群而行，可是，
我们崇尚的是“终生一夫一妻”。
我们为了爱情的神圣美丽，
我们共同筑巢在树的高枝：
盆状的巢上的枝条和泥缝，
比钢筋混凝土编织得更为精美温馨。
我们懂得家庭幸福之美！
搞什么“小三”“婚外情”之类，
搅得人间乌烟瘴气颜面失尽。
我没有喜鹊长得洋气，
我没有黄莺歌声优美，
我没有麻雀反应敏捷，
我也没有你们那么“智慧”。
可是，我总不解——
你们贵为高等动物的人，
为什么总是喜欢吹吹拍拍，
却不能深思后发自内心地赞美？
哎，也许我误会了你们——
伊索赞美过“乌鸦喝水”的智慧；
先人赞美过“乌鸦反哺”的孝和礼；
你们也驻足欣赏过我们的团队。
可是，你们总是用挑剔的眼光，
忘记了汲取和反思的神力；
你们总是那么健忘，那么肤浅：
不只不能欣赏我们身上的美，
也让你们的生活真的苦恼成干瘪！

『门』的心声

（一）

我是门，我是门——
古今中外的、历史的、现实的，
那么多大大小小高高低低的门。

凡有屋的地方就有我的身影；
凡院子的所在必有我的风情；
凡是有我在的地方，
必然演绎一屋一院的故事和温情。

门框是我的骨骼，刚正不阿；
门扇是我的血肉，脉跳搏张；
门色是我的衣裳，颜美色纯；
门锁是我的灵魂，爱憎分明。

（二）

人们总在想着长生不老，
变着戏法追求活的永恒。
其实，我见识了人的种种：
人啊，生就是在门里而生；
人啊，死就是从门里而出。
人的生命的长长与短短，
真实就是门里门外的距离，
门槛就是这距离无常的丈量。
生命只有距离，哪有永恒？
生命的价值才使生命无限延长。

人们总是把我不当回事，
出出进进仅是开开闭闭，
为何不去静静地想想：
我的闭——
是挡了门外的风寒和邪气；
我的开——
是迎接了屋外花样的阳气；
我的开闭之间——
不只是门里门外的转换，
真实是天地人合一的探望。

（三）

人们在我的身上打开了洞，
美其名曰——

门孔是我的眼睛，
门里的人可透视门外的动静。
其实，这门孔啊，
哪里是我的眼睛？
是门里门外的怀疑，
致使我的身体受到的伤痛！

富贵人家把我打扮得漂亮，
宅门扇厚重到城墙一般；
清贫人家无力把我打扮，
宅门扇轻薄到吱扭声响。
其实，我不管什么富贵清贫，
我的骨骼坚挺坚守着岗位，
我是人的岁月的守卫者，
岁月多长我就陪伴多久。

（四）
我阅尽了岁月的色彩：
岁月的歌谣实是大海的涛声；
岁月的节奏就是潮涨潮落；
岁月的人生好似花开花落。
有教养的人和我轻轻相拥，
没教养的人甩我扬长而去，
岁月像一把刻刀总留有记忆。

我知道，人们总在利用我：

搞艺术的说什么流派门派的；
做学问的说什么门径门道的；
升官发财说什么拉关系找门路的；
百家争鸣就胡言乱语五花八门的。
我知道这些个利用者的用心，
但，门锁就是我的良知，
始终把底线坚守视为生命。

（五）

我是门，我是门，
我因人类而生就与人类共存。
我不小气去讲环境条件优劣，
我也不势利去看人眼色行为，
我懂得生命意志和精神的坚守！
我会把——
温馨、善良、敦厚锁在屋内；
我会把——
寒风、邪恶、欺骗拒之门外。
我也想告诉抚摸我的人：
门槛犹如生命中的坎坎坷坷，
因为有坎，才会成长。
我也想告诉与我共存的人：
心的门有多高大多宽广，
生命的度就有厚重多无边！

第三章 爱你，就让你住在我的灵魂里

诗总是以最精练的语言来表达最丰富的感情。山中人在忙碌的工作之余，把对妈妈、对孩子、对亲人、对朋友、对老师的情感凝聚在一首首诗中。

“年就是妈妈心里的牵挂……妈妈就是年的魂和道！”

“爸爸像虔诚的教徒一样，每天给你念经样的说云说雨，总怕你成了思想无家的孩子。”

“爱你，就让你住在我的灵魂里。”

“亲爱的……只要我们牵着温暖又热情的手，生活从来就是一首凯歌激昂奋勇！”

“山水滋养了您的生命，你却丰富了山水的灵性。”

『妈，过年了』！

“妈，过年了！”
“妈，过——年——了！”

每每年的脚步悄然而至
我的心里总是——
吹着如此回声的春风
奏响如此激越的旋律

小时候
年就是妈妈忙碌的背影
窗的明，几的净
灶台的亮，馒头的香
穿的新衣，扎的辫
妈妈就是年的装扮！

再大些

年就是妈妈脸上的笑容
贴的对联，扫干净的院
挂的红灯笼一串串
放的鞭炮声声响
妈妈煮的饺子啊
热了炕头，吃得那个香
妈妈就是年的味道！

后来呢
年就是妈妈心里的牵挂
煮的黄米酒啊，喷喷的香
炸的油麻花哟，脆脆可口
电视里的节目呢，轰轰隆隆
妈妈啊，想着远方的儿女

妈妈就是年的思念!

现在呢
年就是妈妈头上的白发
驼着的背，圈着的腿
温和的笑，皱纹里的光
红木的沙发，满茶几的水果
叽叽喳喳的儿孙，像一群快活的鸟
妈妈就是年的魂和道!

“妈，过年了！”
“妈，过——年——了！”
岁月也已染白了儿子的头
年来了，儿子依然想声声呼唤:
妈妈，妈妈——
你是年的绚烂的色彩
你是年的香美的味道
你是年的光辉和精神
你是年的大道和灵魂

儿子带着天地年年岁岁的灵光
儿子带着您曾披星戴月的教养
儿子给您老拜年了
“妈妈，过——年——好！”
“妈妈，过——年——好！”
“妈妈，过年好——啊！”

致孩子（诗三首）

你在那边，我在这边

你在那边，我在这边
你在白昼里思念
我在暗夜里睁眼

你在那边，我在这边
跨越千山万水
分明近在眼前

你在那边，我在这边
同在一个地球
同望一片蓝天

你在那边，我在这边
我们不要泪流

我们只为理想

你在那边，我在这边
白昼思念暗夜睁眼
都是现在的雨未来的伞

你，我

你若是小鸟
那我就是你的翅膀

你若是大树
那我就是你的阳光

你是前进的车轮
那我就是你的发动机

你的笑颜
就是我的开心
你的思考
就是我的作业

不要感谢
不要回报

风雨来了
总有我给你撑开的一把伞

我们

我愿，我愿
你们如飘扬着的旗帜
舞动着青春的美体
舒展着快乐的容颜
拥抱这人生的美丽

我们，我们
有如高山的雄浑
有像大海的胸怀
有翱翔蓝天的梦想
有恋人般的激情

我们，我们
有生活前行的经验
我们，我们
有向往未来的伟志
我们，我们
昂首走在时代的大道上

我们，我们
永远，永远
拥抱，拥抱
拥抱真诚和诚信
拥抱善良和未来

致老师（诗二首）

你

你何以——
撑起如此大的舞台？
你仿佛太阳，
照耀那么多渴求的眼神。
可是，我感觉到，
你深深的孤独，
正如那空旷的苍穹上，
展翅着的一只雄鹰。
我好像听到，
那苍茫无际的旷野里，
一声声的爱的回音。
我似乎看到，
那一望无际的草原上，
一匹匹奔跑着的骏马。

你何以——
脸上总是挂满着笑容？
你仿佛少女，
清纯如山泉汩汩。
是啊，我深知道：
你的心就是月夜星空，
播洒着清的光柔的影；
你的情就是大江滚滚，
波翻浪涌着爱的激流；
你的身就是巍峨的山，
厚重着你无比的深厚。
啊，我怎能不感慨：
你那柔弱的身躯，
何以，何以——
迸发出如此惊人的能量呢？

感谢

感谢你们真诚的笑容
感谢你们激情的奋为
感谢你们憧憬的理想
感谢你们无私的奉献

你们那清纯的眼神
你们那靓丽的面容
有几许的渴望和情深
是好久不见的思念
是想见一面的惊讶
是那隔窗站着的一望
是探头进来的微笑问候

你们想说的那么多
真真切切
我们握手相拥
感谢这暖暖的时光
感谢这闪烁人性光辉的存在
感谢这历史的抒写与记录
感谢时间这座永久的桥

远和近

——献给你

（一）

这么近，那么远
从清晨到黄昏
太阳已和月亮握手
却不见了你的影踪

等你，如一片干旱
的沙漠
你是天雨的滋润

等你，如一条奔腾
的河流
你是春风的温存

等你，如一片苍茫
的天空

你像雄鹰一样飞行

你是夜空中闪烁的星
等待与你
融合成星月菩提

（二）
梦里近，梦外远
从梦里到梦外
仿佛千年万年
就是不见你的影踪

等你，你总是入我的梦
我的心不停地跳动
你是我心底最肆意的放纵

等你，等到心空乌云密布
思念既已是无边无际的云
会纠结会奔腾会落泪成雨

听你的笑声，沉入酒醉
念你的名字，慌张喜泣
想你的眼神，清风酥柔
虑你的辛苦，心雪飘飞

梦里梦外，你总在那里！
你总在那里，梦里梦外！

（三）

眼前近，身后远
从眼前到身后
距离永远无边
你的影踪在何方？

等你，等到黑发挂霜
这爱，这忧，这情愁
这坚守，这期盼的眼眸
你可知否？
你是否能够情满山川？

如果没有，也无妨
等你的牵挂和绵长
就是岁月如酒的醇厚

但我深知——
在这远和近之间
你何尝不是——
如我一样的心飘风云？

为你

为你
我在暗夜里数着天上的星星
期盼着启明星的闪亮
哪怕脖颈困到僵直
我的脸总是在仰望，仰望

为你
蜿蜒崎岖的山路上我在除草
天涯海角的涛声和我在呼唤
哪怕我的腿困到酥软
我总是在奔跑，奔跑

为你
书日日和我做伴，古今中外
事件件和我跳舞，繁繁杂杂
哪怕我忙到陀螺一样

我总是在旋转，旋转

为你
我经历天长地久的泪流
我忍受山高水长的苦痛
哪怕心痛如针扎一般
我激情总是燃烧，燃烧

为你
就是为了你那生命的灿烂
为了我那一树生命的繁华
你就是我，我就是你
为你就是为我自己

作别

挥挥手，
不是为了作别；
而是为了——
给重逢留个影。

说再见，
不是为了作别；
而是为了——
给再见留个声。

太阳作别西天，
总是憋红了脸庞；
那是因为——
她不会说再见。

太阳作别海面，
总是红霞铺满海水；
那是因为——
她懂得作别挥手的美丽。

人生总会有场场的作别，
作别时不要那么愁苦；
要潇洒如初见，
挥挥手，说再见！

孩子，爸爸和你说云说雨

孩子，爸爸和你说云说雨，
从你牙牙学语说到你彼岸求学。
那云，那雨，
跟随着你成长的脚步。
爸爸就怕风雨交加的日子里，
烂泥，黏糊了你的鞋脚；
冷风，吹凉了你的身体。

孩子，你成长在一个风云变幻的时代：
那是一个最好的时代，
却也是一个最坏的时代。
经济的飞速发展让物质极大丰富；
追求钱、权、娱乐的价值观的扭曲，
令道德和灵魂失去家园、无家可归。
爸爸像虔诚的教徒一样，
每天给你念经样的说云说雨，

总怕你成了思想无家的孩子。
真好，你是爸爸心空中闪烁的星。

孩子，你成熟在一个更替的时代中，
变革、创新甚至革命、斗争的呼声，
东边响起，西边呼应，
如一波一波的浪滚，
不会停止、不能停止、不可停止。
同趋势为伍，与时代同步，
追求灵魂守身，靠本领吃饭，
同大山一样的厚实而丰富，
如河水一样的清音赋形，
像太阳一样发光，光芒四射。
孩子，这是王道是生存之根本。

孩子，爸爸继续和你说云说雨：
你是幸运而又幸福的，
你的眼睛里是整个的世界，
你的心灵里拥有世界的整体，
世界不只是黑白，更多时是灰的；
你要不畏浮云遮望眼，
你要扒开云雾见真实；
你要在这万花筒样迷乱的世界，
静看山高水流，
静听自己心音；
要把那灵魂丰富优美的乐谱，
用你美丽的歌喉唱彻你的人生！

爱你

爱你
就是爱我的眼睛

爱你
就是爱惜我的信誉

爱你
好比我走在春夏秋冬的季节里

爱你
好比太阳不知疲倦地发热发光

爱你
就像深刻地反思我自己

爱你

就像我的心跳不能停止

爱你
就像我的呼吸那么匀称

爱你
就像血液流淌在我的生命里

爱你
就让你住在我的灵魂里

亲爱的，别急

亲爱的，这是个风雨的世界，
别急，也不怕，要知道——
风雨过后，天空晴朗如洗，
彩虹也会如五彩的桥，从始至终，
横跨在我们的希望的岁月中。

亲爱的，这是个无情的世界，
就像钟声无情只顾自己嘀嘀嗒嗒。
眨眼间，青春的容颜已生皱褶，
亲爱的，别急，也不怕——
时间的情意就写在一生的脸上。

亲爱的，山河就在我们的脚下，
山高人为峰，水流歌有声。
别急，也不怕，要知道——
我们有着雄鹰展翅翱翔的英姿，

山川河流何尝不在我们眼中心里？

亲爱的，把道义的天平握在我们手中，
钱，钱，真是个称不出分量的东西。
别急，也不怕，要知道——
当咆哮的浪花即将掀翻生活的帆船，
道义会拥抱你我搏击浪花微笑上路。

亲爱的，我坚信爱情的力量摧枯拉朽，
风雨的无情会被爱情的屋檐牢牢遮挡。
别急，怕什么，要知道——
只要我们牵着温暖而又热情的手，
生活从来就是一首凯歌激昂奋勇！

妈妈的太阳

——写在母亲生日时

（一）

妈妈，您生日的彩蝶飞来，
儿子的心湖里泛起涟漪。

您弯着腰吹灭生日的蜡烛，
满头的银发俨然一个聚宝盆；
您没有双手合十地闭目许愿，
您笑着的脸如牡丹花开灿烂。

妈妈，儿知道——
您心中有个太阳映着的岁月，
那就是——
岁月永远不负好人的期盼！

（二）

妈妈，您的额头上，

常常有一个圆圆的火罐印。
在窑洞给我记忆的年龄，
我就对着太阳说——
天上啊，你有一个太阳；
妈妈的额头上也有一个太阳。

天上的太阳总是在发光，
光辉照亮了所有的生命；
妈妈额头上的太阳也在发光，
光芒不知照亮了多少的人生：
是妈妈照亮了儿女前行的路，
是妈妈温暖了天下家的四壁。

妈妈，儿知道——
您的太阳映着的人生，
那就是——
就是那生生世世的时代的太阳。

（三）
妈妈和爸爸琴瑟和鸣一生，
黑发的日子里有风行有雨飘，
白发的岁月里总牵手而行。

不管是在什么时候，
天空只要下着雨，
站在门口眼睛数着雨丝，

内心焦急地等着爸爸的，
总是您——妈妈。

妈妈，儿知道——
您的太阳映着的爱情，
那就是——
就是山河相守的静影。

（四）
妈妈缝制了不知多少的衣服，
妈妈总在编织着岁月的梦；
妈妈的汗水中总是漾着笑声。

不管是谁的委托，
只要他们张开嘴，
伸出双手托起责任的，
总是妈妈的一双巧手。

妈妈，儿知道——
您的太阳映出的关爱，
那就是——
就是大海的胸襟。

（五）
妈妈的泪水在夜灯下静静地流，
泪珠滚落腮上像春叶上的露珠，

妈妈深深知道这泪水的咸涩。

不管那个季节的风，
如何刮得狂猛，
狼藉遍地的旷野里，
总有妈妈的身影。

妈妈，儿知道——
您的太阳映着的悲情，
那就是——
就是慈悲为怀的人文。

（六）
妈妈，年轻时的您，
脚步走出春夏秋冬的韵味，
山的高水的长路的远，
都是风的影子。

妈妈，年迈时的您，
步履蹒跚在心的花园里，
花的香草的绿鸟的鸣，
都是岁月静好。

妈妈，儿知道——
您的太阳映着的世界，
那就是——

就是用心欣赏的乐园。

（七）

妈妈，仁者乐山，
您却比山更伟岸；
妈妈，智者乐水，
您比水更是上善；
山水滋养了您的生命，
您却丰富了山水的灵性。

妈妈，您生日的彩蝶飞来，
儿子的心湖里泛起涟漪，
这涟漪是儿一波一波的感动，
这涟漪是儿一层一层的认知。

妈妈，儿知道——
您的太阳放出的光，
那永远是——
永远是世界前行中的智慧和力量！

我的村庄

为什么我见到山，总是那么感觉震撼?
因为，我出生在那绵延的大山里;
为什么我望见沟，总是那么感觉深情?
因为，我成长于那蜿蜒的山沟里;
为什么我见到村庄，总是那么感觉留恋?
因为，就是村庄的水土把我喂养长大。

那一孔一孔靠山的窑洞和屋檐;
那一院一院打起的土墙和石棱;
那鸡的窝猪的圈牛的棚羊的舍;
那雀的鸣鸽的飞喜鹊的喳乌鸦的叫;
那柴火燃着的炉灶睡的暖暖的炕;
那月明星稀树影婆娑的夜里狗的叫，
这一切的一切，都是我的村庄的美妙。
我忘记不了那村底的山沟里，
弯弯曲曲流淌着的涓涓溪流;

我常常忆起那石头砌筑起的，
藏着清凉纯净的泉水的深井；
我多少回的梦走在山头的麦地里，
麦浪随风翻滚着金黄的波涛；
我心里一直浮现的是父老乡亲们，
那皱纹如山涧沟壑样的笑的诚意。

我不是生活在村庄的回忆里：
那羊肠的小路已经变成通途，
山顶上已经有车的身影在兜风；
那些窑洞已变成历史的遗迹，
一排排的新砖瓦房天线林立；
一个一个的农家山庄已是美食地，
坐飞机的坐动车的开汽车的，
来自天南地北五湖四海的人，
吃着土鸡蛋品尝着新鲜的菜，
看着那曾经的窑洞和石棱，
乐得也像老乡脸上开了花。

村庄啊村庄啊，你已发展成风景区！
曾经你的土地养育过多少人啊，
可是你却总被落后嘲弄的自卑；
现在的你已成长为时代的骄子，
时代的无线网络已把你揽进怀里。
你根本无须张扬你的厚朴，
世界在学你已变成地球村。

我知道，我的村庄的心愿：
村庄的厚实深深扎根于大地，
有山的雄奇水的灵动，
更有大地的滋润万物的共存，
还有如风似雾样涌动的人文情怀。
村庄说，这个世界——
走到哪里，哪里都是风景；
村庄说，这些个风景——
真正的美，还在看风景的人；
村庄说，我永久的存在——
就是要美了看风景的人。

爱

人常常忘记了爱，或总是被爱遗忘。其实，人的一生，就是处在爱中，或者说生活在被爱中。人生活着，既要有爱人的能力，也要有感受被爱的能力。这不仅是个人生活能力的体现，也是个人价值观的体现。生活的不快，不是生活不爱你，或者说不是生活委屈了你，而是你的心没有爱的感受力。自尊尊人，首先是体现在爱的态度和能力上。有感于此，遂作拙诗一首。——是为题记

小的时候
爱就是妈妈的怀抱
受了委屈，被人责骂
饿了要吃，痛了要哭
总会将妈妈温暖拥抱

长大些了
爱就是孩童的嬉闹

踢个毽子，丢个手绢
打个游戏，滚个铁环
就是拐条腿也会奔跑向前

再大些了
爱就是异性间的窥见
常常是偷视，又怕被人发现
想去遗忘，却总也想见
偶尔擦肩而过
兴奋得还会心如兔跳

成人家了
爱就是肩上挑着的重担
一肩总是挑着两筐
一面是老人，一面是孩少
一面是责任，一面是义务
即使重担不时地起伏颤悠
路上的脚步却总是如歌般欢畅

霜染两鬓了
爱就是江南的水乡哟
那浅浅的湾，那静静的水
那一叶的飘舟，那映水的霞
是影？是梦？是幻？
都亦是，都不是
如幻！如影！又如梦！

故土情

（一）

双手掬一把故乡的黄土啊，
我闻了又闻！看了又看！

那味道——
依然是儿时记忆中的黄土香！

那颜色——
依然是儿时心中印着的金黄！

那触感——
依然是幼时抚摸时的柔和软！

故土啊！霜染两鬓的我，终于，
回到了魂牵梦绕的你的怀抱！

（二）

故土是一座记忆的宝藏，

替我默默珍藏了五十年的岁月。

刘家山，孙家山，韩家山……
那一座座连绵起伏不绝的山哟，
不知经历了多少的风雨雪霜；
不知生长过多少的谷菜豆麦；
不知浸润过多少的乡人汗水，
好似故土那么的坚韧从容，
记忆了它们成长的一切的一切。

故土是一部长长的故事影片，
蒙太奇讲述着家乡成长的故事。

这叔叔，那阿姨，儿时伙伴……
那一家好几屋的祖祖辈辈；
那一代又一代的子子孙孙；
那一棵一棵树的生生息息，
犹如故土那么的朴实厚重，
都写进了他们那黄土色的脸上。

（三）
故土是我生命的养分和根。
走在故土柔润的大地上，
我的脚步燕子般轻盈如飞。

儿时成长的那么多故事记忆，

实在是流淌在我血液中的养分，
更是，我生命之源的根。

我回到了故土的怀抱，
就听到了我的祖辈们的呼吸，
我跪着首烧炷香落着泪，
报告祖辈——
我回到了故土！
我不负祖辈！
我在成长！成长！

（四）
古今多少人都在为故土深情歌唱，
但我为故土要歌唱却绝不矫情。
我执笔闻着墨香写我的故土，
是因为——
故土是深入我骨子里的熟悉和感动！

别说四海为家走南闯北的见多识广，
比起故土的根那都是些叶子和枝干。

无论我们走到哪里，就像放飞的风筝，
故土，始终是那根风筝的长绳，
让你在天空中恣意地翱翔，
却总在你将迷失方向时
——找到那文化的根！

你说，我说

我说，我飞鸟一样来到你的巢，
你展开的翅，是在欢呼我吗？
你说，没有？哪里能没有？
我总是用尽绿色的温柔，
把你深情地紧紧相拥！

刮了一夜的海风，
波涛之声是你呼唤的激情。
风刮清了今日的天空，
地上的草，绿得更加清纯；
枝上的花，艳得更加照人。

你说，有风抚摸的日子才够清爽；
你说，有浪冲刷的岁月才能行稳；
你说，有涛伴奏的时间才有韵味；
你说，浪花飞溅的生活才真迷人。

我说，山风刮过的天空蓝色迷人；
我说，山洪咆哮的河流气势撼人；
我说，山林里的鸟鸣交响乐般动人；
我说，山花绚烂的山坡浪漫诱人。

你说，这里没有冬的雪春的寒，
有的只是花开春暖；
我说，你的美艳来自风雨，
你就是风雨中柔美惊艳的花。
你说，我的浑厚来自大山，
我就是大山里斧劈刀砍出的石；
我说，那里有的是冬的冰秋的霜，
更有的是春华秋实。

你说，你也要像飞鸟一样去我的巢，
不知道我会展开翅欢呼吗?
我说，不会？哪里不会呢?
我会用春风夏草秋果冬雪做餐，
共饮着“你说，我说”的美酒，
品尝着这世界的无限！

刮了一夜的风啊，
风之声是我们呼唤的激情。
风会刮清了明日的天空，
地上的草，绿得定更加清纯；
枝上的花，艳得定更加照人。

告别

举起杯，斟满酒
承载十几年的春风秋雨
浸润十几载的夏阳冬雪
你一言，我一语
说不尽小溪流水的情深
道不完山高草绿的厚重
哪里？哪里？
怎么可以说尽？
全在酒里
全在酒里

举起杯，斟满酒
话别如这杯酒的清纯
飘着浓浓的扑鼻的清香
映着纯纯的依依的目光
一双双惜别的对视

似乎倾着眼泪
哪里？哪里？
怎么可以含泪？
全在酒里
全在酒里

举起杯，斟满酒
告别就是一场惜别的梦
梦中的故事千秋
你就是梦中的情人
想起你就夏阳般温暖
看见你就童心般真诚
哪里？哪里？
怎么只是童心？
全在酒里
全在酒里

举起杯，斟满酒
告别不是为了告别
告别该是为新的重逢
重逢你那阳光般的神采
祝福你多多保重身体
希望你的花季再来
哪里？哪里？
怎么简单祝福？
全在酒里

全在酒里

举起杯，斟满酒
告别的酒是燃烧的火
燃烧着心的激荡
升腾着爱的翻滚
胸中热浪涌动
意中不分长幼
哪里？哪里？
怎么不分长幼？
全在酒里
都在心里

生命的故事

我看到，你的脸上，
那燃烧着的焦虑和愁云：
一场大火的无情，
烧毁你一生的心血。

我看到，你的眼角，
那滚动着的泪水和苦痛：
一场手术的割舍，
忍受了你所不能承受。

我看到，你的眼神，
那旋风般的躁动和不安：
一针见血的批评，
却伤及了你城墙样的自尊。

我看到，你的嘴唇，

闪动着的牢骚和怨言：
似乎辛劳的汗水，
总也浇不开成功的花朵。

我看到了，我的心，
激越摆动如钟的样子：
生命的悲苦正是醇酒，
醉了红颜也醉了春秋。

历史学家说：这是经历；
艺术家说：这是体验；
哲学家说：这是生命的哲学；
我想说：这是生命精彩的故事。

第四章 我和星星有个对话

“世界不大，只因为牵挂；世界很大，因为无牵无挂。”

“树叶落地了，说——我经历了一冬天的风霜冷雪，傲然将生命的顽强，奏响在西北风的交响乐里。”

“麦穗也有爱情，人就是麦田的守望者。”

“你（指云）的生——是为了领略山川大地之美；你的死——是为了滋润万物花香果累。”

寄情山水，直抒胸臆。无论是春天里的一片落叶，还是心中的向日葵；无论是窗户的影，还是诱人的花；无论是风、是云、是雨，还是星星、是天空、是大地，其实都是诗人在洞察世界的同时，建立起的对“人”的特别关注，对哲学的思考。

世界

世界不大，
只因为牵挂；
世界很大，
因为无牵无挂。

世界不远，
只是心与心的距离；
世界很远，
天涯也见不到海角。

世界奇妙，
那是因为爱的神奇；
世界平淡，
只是山的高路的远。

世界大美，
美得不以物喜己悲；
世界不美，
那是你的心里缺少美。

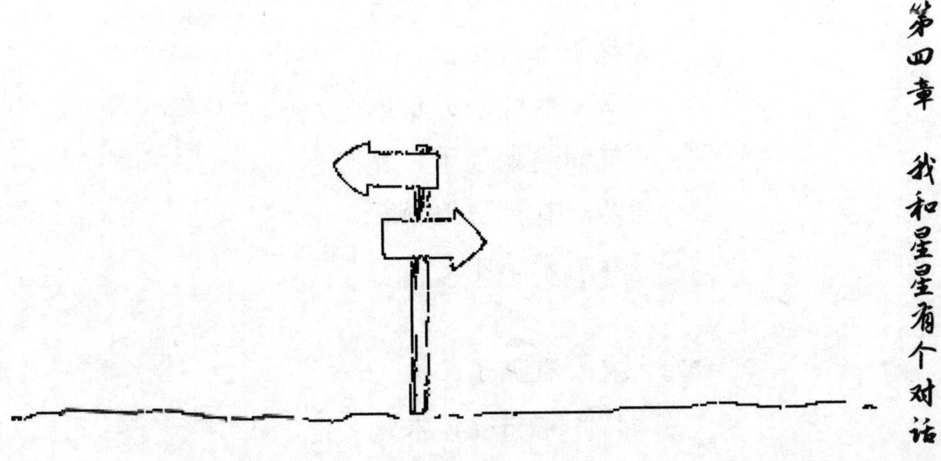

第四章 我和星星有个对话

春天里的一片落叶

这树冠的枝，浓密直立着，
犹如一梭梭刺向天空的飞镖；
满树枝上挂着一片枯黄树叶，
春风飘绿的时节，它落了，
孤零零地落在了泛绿的草地上。

有人看见了，说——
这一片不害羞的树叶，
终于落地了，
满树的叶子，秋风中
就知趣地落了，可它
却一直丑陋地赖着，
春风来了才走。

有人看见了，说——
这一片树叶，太骚了，

西北风中，它都不觉寒冷，
瑟瑟着身子，颤抖着影子，
干瘪苦涩地挣扎着，
究竟，它为了什么？

也有人看见了，说——
这片树叶，摇曳着它十分
难看的龇牙咧嘴的奸笑，
揉碎了，这棵树寒风中的
生命；树冠上每条树枝
强劲的生命，被它那凋零的
衰败样影响得昏昏沉沉。

也有人看见了，说——
这片树叶啊，真是可怜，
受着寒挨着西北风吹，
自己受罪，竟然
还无趣地展示着自己的
挣扎，真是不识时务的丑角。

树叶落地了，说——
我经历了一冬天的风霜冷雪，
傲然将生命的顽强
奏响在西北风的交响乐里。
我经风傲雪的生命，才是
生命的完美。冬天里的人啊，

应该因为我的存在温暖；春天里的人啊，应该因为我的飘落，而深情鼓掌；我呢，化作春泥，亲吻泛绿的泥土，护花去了！

风

风是大自然的歌
季节的旋律异常分明
春的风如李清照词的婉约
夏的风像冰心文的清柔
秋的风似鲁迅笔的犀利
冬的风是李敖嘴的尖酸

歌是人世间的风
刮到了街巷山涧的深处
任凭季节如风的变换
歌的旋律 依旧依旧
奏出生活如虹的激昂
这旋律总不随风而变

我是大地上的树
季节的大风来了劲吹

岁月的雷雨来了狂浇
生活的烈日来了暴晒
我依然坚挺着直吻蓝天
因为我的根深扎大地

风起

风起，并不突然
太阳和云很是缠绵
风却感动得泪流满面

风起，并不茫然
云的缠绵如火的激情
燃烧着岁月种种的温差

风起，有风的姿态
清柔时，拂面似平原上的麦黄
狂烈时，像寒风横扫枯枝败叶

风起，有风的理想
向往着吹醒吹艳大地万物
追求着把世间装扮得明媚清爽

风起，有风的歌唱
和着那垂柳舞出飘逸的舞姿
对着那山谷奏出奋进的箫曲

风起，总有人在皱眉
皱眉者倘若是沉静的思索
风起的日子便是人间四月

风起，总是人生的常态
人生就是风起的过山车
蜿蜒的穿行便是风起的味道

雨的情思（诗三首）

我的心里常常下着小雨。这雨，飘着细丝，柔润润的。有时感觉潮湿的难受；更多时是感觉温润的热乎。其实，这都是我对世界的感受和认知。我尊崇内心的东西，我也常常享受这样的状态。即使雨的潮湿的难受，那无非是生活给予的泪，为何不去细细地品味呢？灯光下，回味那些雨的日子，不由写下了这些诗。——是为题记

雨夜

雨夜
没有撑开的伞
你就站立在那里

端庄的又正又直
柔润的脸庞
浅浅的笑
微醉神迷
挥手的目光

飘散蜜的芳香
随着悠扬的笛响
和雨丝一起
滋润大地心田

雨夜
没有撑开的伞
你就站立在那里

雨天

雨丝游移着飘落
雨点似断了线的珠子
一场一场的雨
天空
阴了又暗
暗了又黑
雨天
好似没有了白昼暗夜

心潮润润的
似乎
如了这雨天的情景
树暗绿的清新
草清新的暗绿
世界
一样的不分了远近

心中也不分了你我

风雨的爱情

长夜里
小船
荡漾着清幽的光

星星偷跑了
捉迷藏似的
偶尔探出了头

看不尽的麦田
风来了
雨有了情人

麦穗成了风雨的孩子
麦穗也有爱情
人就是麦田的守望者

夜的月光
星星的眨眼
昼的日出

都是风雨的爱情
都是麦黄的影子
麦穗才是世界的根

云啊，你别累了！

云啊——
你为何跟随我，
一直奔跑？

比海阔的蓝天，
水洗过一样的净。
独你——
像一座小山，
如一叶扁舟，
似一团烈火，
跟随着车中的我，
奔跑，奔跑。

你俯视着大地，
那些连绵起伏的山，
那些株株直立的树，

那一户一户的人家，
那一座一座的村庄，
都倒着甩在车的身后。
你却笑傲着——
你比路的执着比山的坚定。

我仰望着蓝天，
太阳散发着清亮的光。
独你——
雄鹰样高傲地立着，
少女样温情地看着，
哲人般深沉地思着。
可我，可我——
只能长情地凝视着你。

云啊——
我煎熬着你随我的奔跑。
我想伸手抚摸你的高傲，
我想拥抱轻吻你的温情，
我想牵手你来车里思索。
可是，可是——
你只管跟随我奔跑，
任凭风在你我之间怒号。

云啊——
你别累着了！
无论如何——
你也不能累着了！
你为何跟随我，
一直奔跑？

云

你的出生实在是高贵，
有着阳光和水的基因。
你的一生就是——
闪烁着光的五彩，
展现着水的柔美；
活得潇潇洒洒，飘逸无比！

你的一生就在蓝天的怀抱里，
你深深懂得：天空宽广的胸怀。
你的生——
是为了领略山川大地之美；
你的死——
是为了滋润万物花香果累。
因此，你的一生高悬于天空，
——从无计较，坦坦荡荡。
任凭狂风吹落——

你只是落泪成雨滋润大地，
也绝不藏在那阴暗的角落里。

你最懂得团团絮絮的温热，
因此，你绽放出了花园样的云朵；
你也深知孤独前行的自在，
因此，你绘出那么多美妙的画图。

有时，你奔马一样地飞驰着；
有时，你群山一样地巍峨着。
即使你被那暴风撕裂着，
你的身姿却像舞者更加优美。

我生来就是云的仰望者，
常常，我望着那云神游发呆。
我生来没有云的因子——
不能活在天空的怀抱里。

可是，可是——
我的心里就是飘着一朵云；
我的心里总是飘着一朵云；
我就想自己也是一朵云啊！

天空·大地

天空，大地
总是深情地对视；
一万年太短，
只求永久！永久！

天空，大地
为什么会爱得如此深沉？
因为：天空爱得胸怀无边；
因为：大地爱得厚土深重。

天空，大地
爱的有风有雨也有雪。
可是：风雨后呈现出爱的彩虹；
可是：白雪覆盖的是爱的温存。

天空，大地

爱在白昼是阳光传情；
爱在暗夜是月光写意；
万物生灵就是你们可爱的孩子。

天空，大地
一对一生深爱的夫妻。
敢问：世间情为何物？
天空和大地的爱早已回答！

致飞瀑

人们总在欣赏你奔腾的咆哮，
却忘记了你是从平静中走来。
那深远悠长的山谷哟，
是你漫长寂静的成长路。

你是仰望着高山的雄姿；
你是裹挟着深谷的凌风；
你是吮吸着山涧的晶露，
一步一步地汹涌起来。

你所以突然狂暴起来，
惊涛骇浪卷起千堆雪；
你所以咆哮着响彻山谷，
那是因为你要拥抱拦路石。

越是顽石将路阻塞，

你越是浪花飞溅激情四射；
即使顽石阻隔成沟壑，
你却飞瀑雄舞直下三千尺。

顽石把你从睡梦中唤醒；
顽石刀割样让你浑身碎骨。
你无惧地沸腾着浪花朵朵，
你激愤地唱着欢歌旋跃着情思。

不遇到这些顽石的存在，
哪里能有你飞瀑的激愤?
不跨越这些顽石的沟壑，
哪里能展现你飞瀑的雄姿?

飞瀑啊，飞瀑啊，
你深谙前行者的意志。
前行者的路永远暗藏顽石，
拥抱顽石才能绽放出绚丽光彩!

心中的向日葵

（一）

心中的向日葵
在那山上，在那坡顶
在父亲的背影上
在灿烂的日光里

那粗壮的直立的秆茎
那大片的如掌的绿叶
那朵朵怒放的金黄花
那圆如蜂巢的果实

幼时的向日葵如幼儿童真
少时的向日葵像少年活泼
年轻的向日葵像青年茁壮
成熟的向日葵似长者智慧

（二）

向日葵又名葵花
转日莲，朝阳花
太阳花，向阳花
多么美妙的名字啊

它的一生充满阳光
它的一生忠诚于太阳
为了追逐阳光的明媚
它一生从不打起遮阳伞

即使炎夏午日的阳光
它只顾倾情敞开胸怀
欢畅着享受着如蜜蜂样
振翅蝉翼欢欣地歌唱着

（三）

心中的向日葵
不是妖艳，不是娇美
是大气，是坚守，是忠诚
是著名画家凡高的精神寄托

你生来深深地信仰阳光
一生就无悔地追随着太阳
即使饱经风雨雷电的折磨

越发绽放出光耀的风姿

向日葵啊——
因为你心中的纯洁
才丰富了人间山川
那绿叶金花和饱满的果实

雾

人们总在仰望天上飞行的云；
人们却在鄙视地上飘着的雾。
其实——
天上的云是云在天上的行，
地上的雾是云在地上的走。

天上的云总是高高在上；
地上的雾总是默行地上。
可是——
人们为什么总是仰望着云团，
却要鄙视甚至憎恨地上的雾？

我曾开车追赶着西海岸边，
空中飘浮着的团团的雾絮；
曾拥抱“雾都”恰似银白的“雾女”；
我喜欢那雾的清纯和清香；

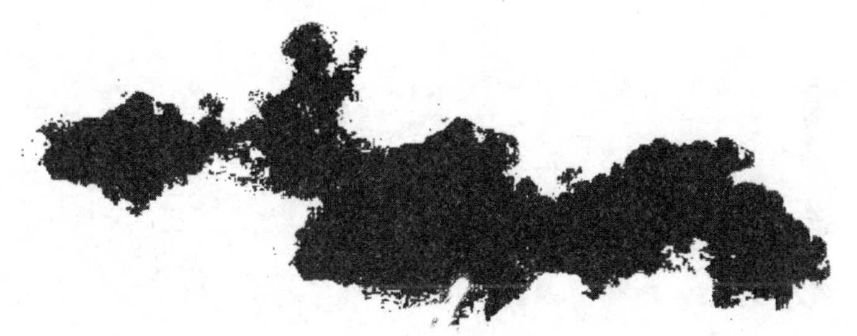

我愿抚摸那雾的轻柔与细腻。

我深爱那如青烟如薄纱的大雾；
我体悟那雾与大树、建筑的缠绵；
我欣赏那雾似垂着的窗帘的幽美；
我陶醉在那雾境妩媚如飘然欲仙；
我赞赏雾随阳光、风而去的洒脱自然。

雾啊，你莫非是天上的云朵下凡人间？
可你却不愿作比那天上的娇气的浮云。
你来到世间，定是为阅尽风花雪月，
留下那青枝绿叶上晶莹剔透的露珠。
因此，你的来你的去都那么洒脱风流！

窗户的影

断了电的夜里，
黑漆漆的，
看不到一屋一户的窗户。

莫非黑夜的世界是平的？
那为什么导弹燃起的战火，
却照出了窗户的影？

窗户外的炮声，
是谁让发出熊熊的火光？
窗户里的人呢？

窗户里的电灯亮了，
窗户上有了人的影，
投弹的人却不见了身。

丑橘

你橙黄色的外皮，
松松塌塌，
就像那斗牛犬的皮。
即使那么鲜嫩的橙色，
也掩盖不了你的没精打采。

剥了你的皮吧，
你露出了瓣瓣黄嫩的肉；
抽了你条条白色的筋，
你的肉水汁香美如甘泉；
吮吸你的人生了满口津水。

我心想着品尝你的那个人，
眉头从紧皱变得舒展，
他拿起了纸巾擦嘴说：
“这是我远行他乡时，
妻子塞进背包中的丑橘！”

画作

一户一户的人家，
一屋一屋的故事。
你是她的亲家，
她是你的姨妈。
孩子光着屁股，
追逐着鸡鸭。
一畦一畦的麦田，
大地穿着绿布条的新衣；
一丛一丛的树叶，
大地海浪一样波涛汹涌。
远看，阔野如海；
近看，麦苗似书。

请问——
哪个画家，
能画出如此的画作？
人啊，拥抱大地吧，
我们都是大地的赤子。

第四章 我和星星有个对话

冰雹雨

下午时，一阵狂风肆虐，大雨倾盆，冰雹狂奔，大有侵吞大地的架势。坐在屋里的我，看着这一切，心里着慌：战斗在一线的同志们，可安好？雨过天晴，一切安然无恙。晚上，遂写此小诗，以记之。

（一）

冰雹雨啊，你何以如此的恼怒？
偌大的天空上堆着一团乌云，
阳光搏斗着乌云的青面獠牙，
你竟敢借势狂风的肆虐，
恣意撕扯着垂柳的浓发；
你竟敢仗势暴雨的疯狂，
噼里啪啦践踏绿草的嫩叶。

（二）

冰雹雨啊，你何以那么的懦弱？
背对阳光，你似乎一阵子的狂舞，

可是，你的泪却藏在雨中，
你为何不敢独自尽情地横流？
你的乐符写在风的五线谱上，
你为何不敢独自放声地歌唱？

垂柳的浓发虽被你一时撕扯，
绿草的嫩叶虽被你一时糟蹋。
可是，你看到了没有？
它们不屈的挺拔和仰着的头，
对你，对你的行径是何其的藐视！

（三）

冰雹雨啊，何以不见了你的身影？
你为什么匆忙着就丢盔弃甲跑了？
满地上留下的是你的劣迹和尸首。
阳光依然喷薄着热情洒满大地，
绿树和青草依然勃发着无限生机，
天空映照出蓝色海洋般的清新，
一切的一切依然都是那么的如常。

冰雹雨啊，我感谢你匆忙的光顾，
我深情看着这个异常清亮的时空，
是你，让我心里亮起了一盏明灯。
这灯的明亮的罩上红彤彤地写着：
——恼怒是恼怒者的浅薄症；
——懦弱是懦弱者的幼稚病。

直面太行山

直面，是直面。清晨，坐在车里，猛一抬头，透过车窗，看到了你——太行山。就那么一截，却让我震撼，遂勾起对你的许许多多的画面。不能自抑，小诗以记之。

朝阳中的太行山
俯瞰着车水马龙的城
太行山啊
你巍峨
你敦厚
你绵延
你清秀
草泛着青绿微笑着
石溢着幽光沉思着
多少天了
雾霾裹挟着你

不见了你的踪影
我不知道
你是如何在挣扎中度日?
朝阳蓬勃着光
雾霾鬼散了
你依然那么年轻
你依旧风采如画

我在想——
大自然母亲是怎么孕育的你?
你为什么如此雄奇?
你壁立千仞
你神斧刻雕
你耸立云端
你刚柔相济
啊，我怎能不知道呢
大自然生来就是大美
雾霾是人类造出的鬼

光

你感恩自己的起点，
你一直在追求远方；
你生来就为发亮，
你一生闪烁着光芒。

是风；是雨；是雷；
是花；是草；是木；
是你啊，是你——
是你使它们娇艳更美！

是山川；是大海；
是你啊，是你——
你亮美了它们的身姿，
你却沉默苍劲如奇石。
延安窑洞煤油灯的光哟，
你摇曳出一个时代的风姿；

教室里的灯光哟，
你亮丽了多少代人的心灵。

水幕电影的光哟，
你映出了祖国山河的壮美秀丽；
理论思想的灯哟，
你照亮了多少仁人志士前行的路。

光啊光，光啊光，
我没有你的光芒，
我却对你充满深深爱恋！
我时时刻刻在跟你抛媚眼！

我没有你霓虹灯光的妖艳，
我就做你红蜡烛的光亮；
我用你红蜡烛光为人照路，
更要用红蜡烛光返照自己。

胸花

胸花挂在了你的胸前，
犹如心花怒放了你的笑脸。
你那庄重大方的衣饰，
齐整了你的过去，
也如胸花怒放了你的未来。

蝴蝶翩翩飞舞着，
就一只，
比胸花还娇艳浪漫，
轻扇着薄明的翼翅，
动情地轻吻着胸的花。

满世界的人为胸花鼓掌，
只有蝴蝶，艳丽着自己，
和胸花一起说着心语。

我深深地低头看着胸花，
心里不禁泛起了波浪：
给我戴胸花的人呢？
我只想拥抱她！

大海边

大海边——
我和大海握手
大海却把我拥吻
这激情似火的拥吻啊
滚滚燃烧炙烤着我
我的浑身已都湿透

大海边——
大海就是一锅满满的沸水
那翻滚着的浪花啊
一波一波，一堆一堆
实是，母亲生命激情煮沸的汤
我的心跳岂能不像浪滚？

大海边——

我的情激越如阳光海浪的闪亮
这海啊，实在是个母体的宫
任凭宫体里海浪波涛的滋养
只不过，我是不敢像小孩子
露出乳峰一样圆润可爱的腚

大海边，雪天取火一般
围了那么多那么多的人
这里早已不分了小孩大人
一个个都是海水的精灵
和着海涛浪花的节奏
与海世界的水沙共舞

大海边，也没有了男人女人
光着膀，露着腿
赤着脚，舞着臂
都成少年，不识愁滋味
其实是——
享受着回到母亲宫体的自由

大海边，我挥手望穿海面
呼唤着千堆雪的海浪
吞噬我吧，吞噬我吧
多少年了——
我怎么就忘了？忘了？
母亲宫体是多么的热情奔放

大海边，我的赤脚
任凭这潮水一遍一遍地冲刷
冲刷吧，冲刷掉岁月形成的茧子
我要——我要——
重新生成那婴儿的粉脚
一起和大海出发吧，出发

这是一片蓝天（外一首）

这是一片蓝天
蓝得就像水洗过一般
天上仿佛铺着蓝色绒毯
天空总是洒着清丽的光

这是一片蓝天
映照大地无比清美
草地的绿色嫩翠欲滴
油菜花的金黄蝶恋蜂飞

这是一片蓝天
太阳和月亮同辉
西边太阳东边月
清风丝丝轻轻地吹

这蓝天的静谧啊

那是塬的宽广的胸怀
那是塬的厚土的气度
那是塬上人的纯美和智慧

记忆

一道红带，
隔开两个世界——
一个是孩子们跳绳嬉戏；
一个是家长们翘首等待。

孩子们钻出了红带，
家长们背起书包，
牵着孩子的手。
西斜的太阳，
照出一大一小的影。

孩子，孩子，
在你的生命中，
是否——
一直会有这样的记忆？

我和星星有个对话

星星，星星，
我和你一样，
今夜无眠——
你是星光灿烂成银河；
我是思绪浪翻如大海。

那皎洁的月光，
为你衬出清辉的画。
你用心地——
从东边辽阔的大海，
看到西边巍峨的高峰；
从北疆茂密的森林，
望到南边蓝色的疆域。
你激动地眨着眼睛，
禁不住地呼唤——
山川啊，你如此美妙神奇！

——这都是大自然的造化！

那历史的脉络，
为我梳理出思绪的路。
我激情地——
从远古农耕的文明，
走到现代信息的文明；
从华夏五千年的族帝王文化，
走到现代的组织理想之文化。
我浪滚一样心潮澎湃，
禁不住地呼唤——
历史啊，你如此厚重激越！
——这是人类理想的追求！

这无眠的夜啊，
我和星星倾心对话。
星星说：
“人啊，山川之美总在人心！”
我说：
“星星啊，人类之美总在精神！”

诱人的花

你展着你的——
花的妖姿！
你的花瓣的高洁；
你的花朵的优雅；
你的花香的沁脾；
你的花色的艳美。
诱人！诱人！
可是，你却高傲着——
泪眼问你你不语！

你挺着你的——
花的冠头！
你招来蜜蜂且歌唱；
你邀见日月且增辉；
你沐浴春雨且装扮；
你对酒园丁且共欢。

诱人！诱人！
可是，你却孤芳着——
云破月来自弄影！

哪里？哪里？
我见花朵多妩媚，
花朵见我也如是；
花朵不是无情物，
化作泥土更护春。
诱人！诱人！
只是，你应心得——
花影横斜香浮动！

飘飞

风起了
树枝飘飞
尽扫一地落叶
冬来了
雪花飘飞
尽染一地绒白
你到了
我心飘飞
尽荡一池涟漪
我只管飘飞
不管风起冬来
只要有你

窗户

只要有屋子的地方，
就有风彩各异的窗户；
没有窗户的“铁屋子”，
便成了永久的坟墓。

窗户阅尽家的故事；
窗户洞悉时序的更替；
窗户就是屋子的眼睛；
窗户已是屋子的灵魂。

屋外的人想看屋里，
抬头看着的是窗户；
屋内的人看屋外的风景，
窗户就成了摄影的镜头。
站在同一扇窗口，
真的没有先生后生；

后生看到屋外的风景，
先生未必全能读懂。

读一本书，开一扇窗户；
识一个人，起一页窗扇；
他乡旅游，启一页窗口；
即使泪流，泪脸也是窗户。

屋子的窗户，尚有灵犀；
人啊，你的窗户又在哪里？
不在你屋内的华丽与富裕；
在你心灵能欣赏窗外的美！

喜欢风

我喜欢风
我期待有风的日子

是风，让春有了温柔
是风，让夏有了清凉
是风，让秋有了萧瑟
是风，让冬有了凛冽

是风，让云烈马奔跑
是风，让海翻滚波浪
是风，让山川更清秀
是风，让天空更晴朗

风低调得来无影去无踪
是树叶舞动告诉其影踪
当沉渣枯枝裹挟它时

它毅然咆哮使出浑身解数

我喜欢风啊
风起了，人有风行的活力
风散了，人有岁月的清新
风起风散之间，人长大了

我期待有风的日子
有风，日子就有了色彩
无风，日子的画布真无色
有风的日子人生美满丰富

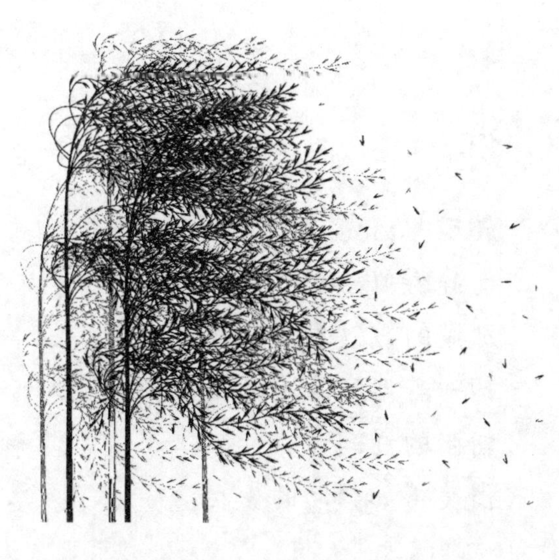

诗二首

我常常为这个世界的物象所倾倒。每每静静地看着这世界的一草一石一物一人，我总感觉存在者的美妙，同时也感觉到自然造化的神奇。细细去想，不由不激动，不由不感慨，不由不思考，不由不记录。因为世界的每个物象中都深藏着哲理，每个物象其实就是物质和精神的完美统一，有时，比我们凡人更显得高雅清新而又灵性。——是为记

街

晨曦的幽光
街静得似条湖
那湖的皱纹里
却睁着清亮的眼睛
朝阳的红润
街美得如舞动的少女

飘着的舞裙
舞出热情的美姿和活力

正午的日光
高楼大树人流车海
竞相挤压着街啊
街却蓬勃着无限的生机

夕阳的余晖
街成了长长的影子
人们在这影子中躁动
个个都在寻找回家的路

台灯

台灯
透过乳白色的圆罩
散发出
清幽的黄色的光
静得
犹如母亲面容的安详
我看到了
看到了
世界为之倾倒
都拥挤着
像赶集似的
向她走来
鼓着掌
祝贺她

靠不近她的
都在
远远地伸着脖子
望着她
仿佛看着
自己
亲爱的妈妈

咏物诗二首（外一首）

雨中垂柳

你在狂风暴雨中
被撕扯着的长发
仿佛成了绿绸带的狂舞
你的头
已成了拨浪鼓的狂摇
又汇集如咆哮着的海浪
你的泪水
和狂风扭打纠结着
溅起沸腾如蒸气的水花
仿佛流星
你要放射出最后的光

那里啊
你的腰杆

如刚直的擎天柱
从来就没有弯曲
你知道
这一切
是随风飘走的雨
柳叶将会更绿
秀发将会更飘逸

雨中彩蝶

你是雨
你是雨的天空
你是雨的大地

你曼妙着你的旋律
你喷涌着你的气息
你飘扬着你的旗帜
你绿着你的草
你艳着你的花

你温柔着你的温柔
你甜美着你的甜美

一只彩蝶，翩翩飞来
在这绿草艳花中驻足
扇翅伴着旋律

欣赏着这雨
这雨的天空
这雨的大地

无题

悄悄地我们走来
轻轻地在
细细地说话
浅浅的爱
摇曳的不是枝叶
是一弯心月

静静地我们走去
慢慢地行
柔柔地微笑
淡淡的情
飘逸的不是秀发
是一池春水

舞者

在树影婆娑的青石道上，
那优美的舞曲飘逸着；
在月光洒下的一片清辉里，
多少次，我走过你们的身旁，
你们扑翼似的舞姿，
让我深情地驻足。

随着那音乐的旋律，
你们仿佛一对精灵似的舞美：
一阵似蝴蝶振翅，
一阵如燕子轻飞，
一阵流水样的舞步，
一阵旋风般的圆舞……
你们是那么的洒脱沉醉，
又是那么的尽情忘我；
你们——

微笑的表情感染星星，
含情的双眸感动月亮，
默契到与花香融为一体。

月亮因你们如酒香醉人，
绿树因你们如和风拂身。
你们就是生命纯粹的舞者，
舞者从来就是忘我的人。
舞者的生命就是觉醒者，
舞者就是最懂幸福的人！